Walter Benjamin

Historias
desde la soledad
y otras narraciones

Edición, prólogo y notas de
Jorge Monteleone

Traducción de Ariel Magnus

el cuenco de plata

extraterritorial

Benjamin, Walter
Historias desde la soledad : y otras narraciones / Walter Benjamin ; con
prólogo de Jorge Monteleone - 1ª ed. - Ciudad Autónoma de Buenos Aires :
El Cuenco de Plata, 2013.
208 pgs.; 21x13 cm. - (extraterritorial)

Traducido por: Ariel Magnus y Jorge Monteleone

ISBN: 978-987-1772-83-4

1. Narrativa Alemana. I. Monteleone, Jorge, prolog. II. Magnus, Ariel, Trad.
III. Monteleone, Jorge, trad.
CDD 833

el cuenco de plata / extraterritorial

Director editorial: Edgardo Russo

Diseño y producción: Pablo Hernández

© del prólogo y notas: Jorge Monteleone
© de la traducción: Ariel Magnus y Jorge Monteleone
© 2013, El cuenco de plata SRL
Av. Rivadavia 1559, 3° "A" (1033) Buenos Aires, Argentina
www.elcuencodeplata.com.ar

Hecho el depósito que indica la ley 11.723.
Impreso en noviembre de 2013.

EL DESEO DE NARRAR

por Jorge Monteleone

A lo largo de su vida Walter Benjamin supo que contar historias era un acto primigenio y arcaico, la rememoración de la experiencia vivida que acude en el relato como la materia modelada por un artesano en la forma narrada. El contador de historias es aquel cuyo don consiste en "dejar que la suave llama de su narración consuma por completo el pabilo de su vida" escribió en "El narrador" (*Der Erzähler*, 1936), el ensayo donde resume ese saber con la convicción de una fe. Cuando decidió relatar su propia vida en textos autobiográficos encontró cierta dificultad: en la *Crónica de Berlin* (*Berliner Chronik*, 1932) se jactaba de que su prosa había seguido una pequeña regla durante veinte años: no emplear nunca la palabra *yo* excepto en las cartas. Compuso, sin embargo, en una dicción de sí mismo de escrupulosa distracción en la minucia, sus obras más personales: relatos de viaje que son también historias de amor, como el diario de Moscú; apuntes sobre el acto de comer, de leer, de soñar, de consumir haschisch, de contemplar juguetes o desembalar una biblioteca; la evocación plena de su infancia como "una especie de conversación de un niño con la ciudad de Berlín alrededor de 1900". Los recuerdos que se disipan en detalles representan menos una autobiografía, desplegada en el tiempo, que una rememoración centrada en un espacio, un *lugar* poblado de objetos

–ciudad y calle, viaje y paisaje, morada y habitación. Un "espacio vital: *bios*", lo llamó. El afán de relatar "toda la vida", como el contador de historias, se había desatado tempranamente en el registro de lo minúsculo y lo insignificante como si fuera un cifrado relámpago del tiempo en una miniatura. Eso lo aprendió de Marcel Proust, que había ejercitado el recuerdo que "va de lo pequeño a lo más pequeño, de lo más pequeño a lo minúsculo y así aquello que viene al encuentro de esos microcosmos se torna cada vez más prodigioso" (*Berliner Chronik*). La letra misma de Benjamin era diminuta y todo lo registraba como un diario de fragmentos lábiles de memoria inmediata, porque de ese modo actuaba el recuerdo. Escribió: "el recuerdo hace esto: deja a las cosas ser pequeñas, las comprime. Tierra del marinero" (*Archivos de Walter Benjamin*. Traducción de Joaquín Chamorro Mielke. Madrid, AECID, 2010). Así todo lo contaba como una miniatura de lo vivido: cada viaje, ya desde 1912, como "una ocasión del diario personal"; el relato de lo visto en acumuladas postales; el paciente apunte de sus sueños; las cosas que atesoraba y relataba como si fueran cuentos del ser objetivo en el mundo; el registro micrográfico de las palabras descubiertas y deformadas y los actos primeros de su hijo Stefan; los pequeños e innumerables cuadernos de notas en los cuales apuntaba lo leído, lo pensado, lo incesantemente múltiple. Era así, en tanto narrador ensimismado, también un coleccionista, que definió como "el verdadero morador del interior". Pero esa interioridad del relato nunca comportaba la soledad del individuo, como ocurre en la novela, que la sublima silenciosamente: incluso la historia más privada debería volverse colectiva y, la más íntima, un proyecto vasto.

EL ARTE DE CONTAR HISTORIAS

Con los años, Benjamin advirtió que el narrador no es como el novelista y así los diferenciaba: el narrador, dijo, es el que cuenta historias o el que puede escribirlas bajo la forma de un modelo antiguo. Supo que ese "simple don", la capacidad del narrador para despertar el espíritu de la historia en lo que escuchaba acerca de lo vivido, *eso* que *podía ser contado* –es decir, lo *narrable* (*das Erzählbare*)–, consistía en una "nítida apertura de la interioridad humana". Quiso configurar esa intuición en las notas tomadas entre 1928 y 1935 para un ensayo sobre novela y narración que nunca escribió, aunque retomaba una y otra vez el problema que culminaría en "El narrador". La reseña sobre *Berlin Alexanderplatz*, de Alfred Döblin, llamada "Crisis de la novela" (*Krisis des Romans*, 1930) recuperaba parte de esos apuntes y comenzaba con esta contundente distinción:

> *La existencia en el sentido épico es el mar. No hay nada más épico que el mar. De hecho, es posible relacionarse de modo muy diverso con el mar. Por ejemplo: acostarse en la playa, escuchar las olas romper y recolectar las ostras que traen las mareas. Eso es lo que hace el poeta épico. Pero también es posible salir al mar. Con muchos propósitos, o con ninguno. Es posible embarcarse en un viaje y entonces, cuando se está muy lejos, no cruzarse con tierra alguna y ver solamente mar y cielo. Eso hace el novelista. Él está realmente solo y silencioso. En la épica, el pueblo descansa luego de un día de trabajo: escucha, sueña y recolecta. El novelista se ha separado del pueblo y de aquello que lo impulsa. El ámbito de nacimiento de la*

novela es el individuo en su soledad, que ya no puede expresarse de un modo ejemplar sobre sus más importantes preocupaciones ni es capaz de dar consejos para sí mismo ni para otros. [...]. La novela se destaca de otras formas de prosa –cuentos, sagas, leyendas, proverbios, chistes– por el hecho de que no proviene de la tradición oral ni ingresa en ella. Pero sobre todo, se distingue de la narración, que en la prosa representa la épica en estado puro. En efecto, nada contribuye más al peligroso enmudecimiento de la humana interioridad, nada aniquila tan profundamente el espíritu de la narración, como la escandalosa expansión que en nuestra vida adquirió la lectura de novelas.

Tan radical fue esa oposición como para sostener que leer tantas novelas era una acción que iba en desmedro del hábito de narrar historias: la novela, decía, es la forma bajo la cual los seres humanos ya no pueden preguntarse por las dimensiones más importantes de la existencia, que son colectivas, porque, por el contrario, privilegia el punto de vista de lo privado. Por cierto, el otro enemigo mortal del arte de contar historias era la lectura de periódicos. En el breve ensayo "Arte de narrar" (*Kunst zu Erzählen*, 1929) afirmaba que "ya casi nada de lo que sucede beneficia a la narración, y casi todo a la información". Aquello que declaraba acerca de la narración hacia 1930, también podía predicarlo sobre los juguetes rusos: "El primitivo caudal de formas del bajo pueblo, de campesinos y artesanos, constituye, hasta el día de hoy, una base segura para el desarrollo del juguete infantil. [...]. Es natural que el niño comprenda un objeto de manufactura rústica mejor que otro procedente de un complicado proceso industrial. Este es también el núcleo de la moderna y razonable aspiración de fabricar juguetes 'primitivos'" ("Juguetes rusos", en *Papeles escogidos*, Buenos Aires, Imago Mundi, 2008). Pero Benjamin jamás deja de historizar los fenómenos y nunca espera una restauración nostálgica y conservadora del pretérito, sino su actualización, con la misma lógica de la *imagen dialéctica*: "No es lo pasado arrojando luz sobre el presente, ni lo presente arrojando luz sobre lo pasado, sino que la imagen [dialéctica] es aquello en lo cual lo sido [*das Gewesene*] se encuentra con el ahora, a la manera de un relámpago, formando entre ambos una correlación" (*Onirokitsch. Walter Benjamin y el surrealismo*. Traducción de Ricardo Ibarlucía. Buenos Aires, Manantial, 1998).

Se insinúa, aunque no lo diga explícitamente, que, por un lado, la novela corresponde al ascenso de la burguesía y el imperio del individualismo y, por otro, que la narración –en la tradición oral del sabio "arte de contar historias"– había entrado en su ocaso o, al menos, en una transformación, por la cual perduraría bajo formas que "todavía desconocemos". Benjamin es moderno, y cuando menta la eternidad lo hace en su cruce con lo transitorio: "Lo eterno es el narrar", pero no perdurará en su calidez "secreta y magnífica" –escribe en los borradores preparatorios del inconcluso ensayo sobre novela y narración (incluido en *El narrador*. Edición de Pablo Oyarzun R., Santiago de Chile, Metales pesados, 2008). "El narrar perdurará" en otras formas, temporalmente condicionadas, "de las que aún nada sabemos". Y apunta una aventurada conclusión que no repetirá en "El narrador":

> Tant mieux [*tanto mejor*]. No hay que llorar. Sinsentido de los pronósticos críticos. Film en lugar de narración. El eterno matiz de la vida que se dona. [...]. Todos los esfuerzos de los nuevos narradores por demoler la vieja precisión en la descripción, el transcurso

del tiempo, la vida interior. Film, corte, fotomontaje: naturalmente todo esto tiende a una nueva objetividad, pero sobre todo a una nueva imprecisión, que es inexorablemente suficiente para destruir la precisión tradicional. Queremos: nueva precisión, nueva imprecisión en un singular argot *del narrar, historias dialectales de la gran ciudad.*

Menciona luego como ejemplos de esa aspiración –de modo fragmentario al tratarse de un apunte– las nuevas narraciones "tal como las han elaborado" el ruso Boris Pilniak, el polaco Antoni Slominski, Ernest Hemingway y James Joyce. ¿No habría que agregar a Georges Simenon? Benjamin era muy aficionado a sus novelas, de las cuales había leído cinco sólo en su segunda estancia en Ibiza y más de veinte a lo largo de su vida. Su gusto por la novela policial, un género también propio de la era de la reproducción técnica, lo llevaría a imaginar en los días de Ibiza la posibilidad de escribir una. Este apunte y otro que dice: "El gramófono le ha quitado autoridad al hablante de cuerpo presente", permite confirmar algo que el propio Benjamin confesó a Scholem en una carta del 4 de junio de 1936: "En el último tiempo escribí un trabajo sobre Nikolai Leskov ["El narrador"] que, sin pretender ni de lejos el alcance de aquel sobre la teoría del arte, presenta algunos paralelos con la *'caída del aura'* en la manifiesta circunstancia de que *el arte de narrar toca a su fin"*.

Benjamin se refiere a "La obra de arte en la era de su reproducción técnica", cuya primera redacción data de 1934-1935. Es decir, las reflexiones sobre el arte de narrar son coetáneas de ese texto y puede deducirse que si, como a menudo sostuvo Benjamin, la narración acuña la experiencia vivida y en lo narrado persiste la huella del narrador tal como "la huella de la mano del alfarero sobre la vasija de arcilla", esa forma artesanal de la comunicación, donde también se manifestaba *lo sido*, también se vería desplazada por el arte transmitido bajo nuevas formas de reproducción técnica, uno de cuyos efectos era la pérdida del aura. En consecuencia: si, por un lado, la novela –que debe su existencia también a la masividad del libro pero cuya recepción es individualista y privada– forma parte de ese cambio sociocultural; y si, por otro lado, la "escandalosa expansión" de la novela aniquila el espíritu de la narración y hace olvidar el arte de contar historias, entonces *también la narración tocaría a su fin en tanto arte aurático.*

Una vez más la reflexión de Benjamin oscilaba entre la melancolía, que es regresiva, y la revolución, que es progresista. No sin nostalgia constata el fin de la narración –aunque con cierta esperanza, pues cree en las potencias liberadoras de un arte nuevo como el cine, en el gesto de la narración tradicional recreado en las ficciones modernas y en la fuerza narrativa de la novela policial. Por ello cuando escribe "Film *en lugar de* narración" ¿no espera que nuevas formas del relato colectivo tomen allí su lugar? Porque al preservar el carácter social del arte de narrar bajo nuevas formas o sostenerlo en formas donde late todavía, habría aún la posibilidad, como esperaba Adorno en una carta que le dirige a Benjamin, de entrelazar "lo mágico con el signo de la libertad". Ese carácter liberador también persistiría, por ejemplo, en el cuento infantil: "La magia liberadora de la cual dispone el cuento, no pone en juego a la naturaleza de modo mítico, sino que la señala en complicidad con el hombre liberado. El hombre maduro sólo experimenta esporádicamente esta complicidad cuando es feliz; pero al niño se le aparece por primera vez en el cuento y lo hace dichoso" ("El narrador").

Pero, si la narración es aurática y si "el narrar es eterno" ¿no habrá, ya perdida el aura –que manifestaba la aparición de una lejanía por cercana que pudiese estar– en su persistencia bajo otra forma –su transformación en huella, trazo, vestigio, rastro– la manifestación de una cercanía, por lejana que pudiera estar? Eso sugiere Pierre Invernel en su agudo prefacio a los relatos de Benjamin: "Así se aplicaría al narrador mismo la distinción establecida en el *Passagenwerk* (*GS*, V, 1, p. 560), entre la huella y el aura. [...]. Muerta el aura del narrador, que su huella viva, por y para nosotros" (*Rastelli raconte... et autres récits*. Traduit par Philippe Jacottet. Paris, Seuil, 1987). En cuanto el narrador *vive la huella*, su relato mismo es la traza, el indicio. Persiste en ella, como lo inmemorial, la experiencia que se torna presente en un instante iluminado por el relato, como en un rayo.

Por los mismos años en los cuales Benjamin escribía *Calle de mano única* y comenzaba a elaborar su teoría de la narración, Ernst Bloch –que aparece en algunos de sus relatos como un personaje– finalizaba un pequeño y extraordinario volumen que llamó, precisamente, *Huellas* (*Spuren*, 1930, nueva versión ampliada en 1959). Una vez más la coincidencia de Bloch con Benjamin es evidente. El libro de Bloch trata acerca de un conjunto de textos fragmentarios, organizados en cuatro partes, que giraban en torno de la cuestión de la identidad y la alienación: "Cada uno está solo consigo mismo. Junto a otros, casi todos están solos aun consigo mismo. Es preciso huir de ambos" comienza. Y luego: "No podemos estar solos por más tiempo". Pero en esos fragmentos, Bloch vuelve a contar breves narraciones anónimas –apólogos, fábulas, cuentos jasídicos, relatos chinos o de las *Mil y una Noches* árabes, anécdotas, *Märchen* o cuentos de hadas, viejos adagios. De hecho, Bloch narra en *Huellas* un relato que también Benjamin escribió bajo el nombre "La firma" y es la historia de Potemkin que, asimismo, abre uno de sus textos sobre Kafka. En esos relatos resuena a la vez lo oral y la convivialidad, para hallar en su mínima expresión, al contarlas de nuevo, las marcas, las huellas, los rastros de aquello que trasciende hacia lo colectivo: "Si esta historia no es nada, dicen los cuentistas en África, pertenece al que la ha contado; si es algo, pertenece a todos nosotros", se lee en *Huellas*. Esa confluencia de Benjamin y Bloch al rescate de la narración como fuerza configuradora de la existencia en su dimensión colectiva y en desmedro del solipsismo, tiene también su correlato en lo que Bloch llamaba el "principio Esperanza" y Benjamin la "redención", así como el primero habla del "instante colmado" y el segundo de la "ahoridad": "el marxismo, el más frío detective en todos sus análisis, se toma, sin embargo, en serio *la fábula*, y hace suyo prácticamente el *sueño de la Edad de Oro*; debe y haber reales, esperanza real, se abren camino", escribió Bloch en *El principio Esperanza* (traducción de Felipe González Vicen. Madrid, Trotta, 2007).

Pero menos que la culminación de las reflexiones de Benjamin sobre el arte de narrar, nos interesa vincular aquí los años previos en los cuales especulaba sobre esa materia y al mismo tiempo quería ejercitarla. A pesar de sus incesantes derivas microbiográficas, en algunas ocasiones Benjamin quiso, voluntariamente, *ser un narrador*: asumir en la escritura ese modo de relatar que difería del novelista. Él mismo un *Erzähler*, un contador de historias o, acaso, el que, otra vez coleccionista, atesoraba memorias de otros. Escribir los relatos que, como bien sabía, debían provenir de aquellos que pudieran contar los hechos pasajeros de su existencia en la dimensión de lo inolvidable.

Mientras escribía las notas que en parte desembocarían en "El narrador", Benjamin resumiría en algunas de sus

13

propias narraciones el sentido mismo de tales notas. "¿Por qué se está acabando el arte de contar historias?" es la primera frase del relato "El pañuelo", escrito en 1932. Una verdadera obsesión para su autor: eran *exactamente las mismas palabras* utilizadas en la primera frase de los borradores sobre novela y narración: *Warum es mit der Kunst, Geschichten zu erzählen zu Ende geht.* Esa misma frase se transcribe en una carta a Hofmannsthal, fechada el 26 de junio de 1929, refiriéndose a la narración oral. Benjamin retoma algunas de sus fundamentales premisas: la relación entre el contar historias y el aburrimiento; la sabiduría proverbial del narrador; los tiempos arcaicos en los cuales se desplegaban los relatos y la correlativa capacidad de ser escuchados; las diferencias entre relato e información. Así también, con su propio ejercicio, respondería aquella pregunta.

Al menos dos veces en su vida, Walter Benjamin tuvo el deliberado y acuciante deseo de narrar.

SER NARRADOR

Los primeros fragmentos narrativos que se conservan de Benjamin no están fechados, pero los más tempranos no pudieron ser escritos antes de 1906, a los quince años, y los tardíos no más allá de 1913, cuando comienza los estudios universitarios, luego de obtener su título de bachiller en el Kaiser Friedrich Gymnasium durante la Pascua de 1912, a los veinte años. En esas tentativas, que nunca publicó y sin duda consideró inconclusas, hay un aire a cuento de hadas, como en un breve fragmento donde se manifiestan al menos dos de las funciones descubiertas por Vladimir Propp: el alejamiento y la prohibición; en otro relato se siente el miedo pánico en el bosque y la íntima presencia del dios; en otro, una reina pregunta y considera si una balanza hecha de hilos y pequeñas escudillas es buena para comprobar el peso del mundo.

De esa época datan sus primeros diarios de viaje, de tono autobiográfico: el primer texto que se conoce fue escrito en 1906 y es el "Viaje de Pentecostés desde Haubinda", donde apunta el paseo que realizó en un parque natural de la Suiza Franconia, junto a un compañero del hogar-escuela rural de Haubinda, en el que pasó dos años. Muchos años después, en un breve texto de los *Denkbilder*, relata un sueño: desde la escuela rural de Haubinda iba por el bosque y escala luego una montaña baja, desde la cual ve el paisaje como a través de un óvalo que forman las ramas de los árboles, al modo de un portarretratos negro: los colores son húmedos y oscuros, como si esa imagen fuera el campo en el que se hubieran "sembrado las semillas de su vida posterior, que en el sueño se roturaba de nuevo con dolor" (*Denkbilder. Epifanías en viajes*. Prólogo y selección de Adriana Mancini. Traducción de Susana Meyer. Buenos Aires, El cuenco de plata, 2011).

Luego siguieron el "Diario de Pentecostés de 1911", el "Diario de Wengen", "Acerca del viaje del verano de 1911" y "Mi viaje a Italia en Pentecostés de 1912". Benjamin supo tempranamente que *no hay viaje sin relato* y así lo llamó "aventura del alma": "De este diario que quiero escribir habrá de resurgir el viaje –apuntó en el diario de viaje a Italia. En él desearía hacer que se despliegue la esencia general, la callada y evidente síntesis que requiere un viaje formativo" (*Escritos autobiográficos*. Introducción de Concha Fernández Martorell y traducción de Teresa Rocha Barco, Madrid, Alianza editorial, 1996). Pero en todo relato de viaje siempre habría una epifanía. En el "Diario de Wengen" Benjamin apuntó que en una estación de tren vivió "una primera 'aventura del alma'": miraba distraídamente carteles publicitarios por un pasillo de la estación y en la sala de espera descubrió, sentada junto a dos señoras vestidas de luto, a una muchacha leyendo, con un vestido rosa y un cinturón negro resplandeciente. Le pareció muy linda y creyó que era la hija del jefe de la estación. La miró subrepticiamente, y luego no volvió a hacerlo, mientras examinaba con extrema dedicación, dos veces, los carteles. "La muchacha seguía allí, pero no fui capaz de mirarla. Más tarde, cuando el tren abandonó la estación, la vi. Fue una corta aventura del alma que encontró en esta mirada su final. Tampoco era especialmente linda", escribió. En otro relato de juventud, "El avión", el joven Günter deambula como un *flâneur* por el laberinto de una ciudad extranjera, se sumerge en la multitud, "pierde su pureza" al acostarse con una prostituta que encuentra en la calle, sigue a cuatro mujeres jóvenes, vuelve a encontrar a la ramera de ojos infantiles con la que había dormido. Algún crítico sugirió que se trató de un episodio de iniciación sexual de Benjamin, vivido en un viaje a París junto a dos estudiantes amigos, en la primavera de 1913.

Esos hechos le darían otra certeza respecto del relato que todo viaje consagra y que escribiría en un texto de casi dos décadas después: "todo viaje de aventuras, para que realmente se lo pueda contar, debe devanarse en torno de una mujer, al menos de un nombre de mujer. Pues ese sería el sostén que precisa el hilo rojo de lo vivido para pasar de una mano a la otra" ("Rimas trazadas en el polvo móvil"). El viaje como aventura del alma y la mujer como enigma erótico se hallaban en el origen de su propio acto de contar. Y dicho acto surge con la metáfora del hilado, el hilo del relato que conforma una trama. ¿No es acaso este hilo también el hilo de Ariadna para que Teseo llegue al doble punto del saber y la catástrofe? ¿No es este el laberinto que presupone el encuentro con lo femenino?

Pero acaso el hilo primordial se devana en torno de la madre, cuyas caricias para el niño enfermo, expósito de la fiebre en el refugio hogareño, se confunde con sus historias, al modo de un erotismo originario que al relato acude: "El dolor era un dique que sólo al principio se resistía al relato. Más tarde, cuando este se hubiera robustecido, quedaría minado y arrastrado al pozo del olvido. Las caricias iban haciendo el cauce de esta corriente. Me agradaban, pues la mano de mi madre comenzaba a hilar las historias que pronto saldrían en abundancia de sus labios", rememoró Benjamin en *Infancia en Berlín hacia 1900* (Traducción de Klaus Wagner. Madrid, Alfaguara, 1982). Debido a esa escena quizás escribió aquella breve prosa que aparece en *Denkbilder*, "Narración y curación": un niño está enfermo y la madre le cuenta cuentos mientras sus caricias abren el camino para ser curado por medio del relato, desbordando el dique del dolor. Benjamin escribe: "Se pregunta uno si no será la narración la atmósfera propicia y la condición más favorable para muchas curaciones. Sí, ¿no podría curarse incluso cualquier enfermedad si se la dejara fluir lo suficiente hasta la embocadura sobre la corriente de la narración? [...]. Las caricias le dibujan un lecho a esa corriente" (ídem). Y aquel hilo que anuda la trama de las historias reaparece en la versión escrita en francés de "El narrador", una pequeña variante que no recoge el texto en alemán en el fragmento XIII, cuando escribe que Mnemosyne es la musa del género épico en general y también la musa inspiradora de la narración: "*La musa de la narración sería esa mujer infatigable y divina que anuda la red que forman a fin de cuentas todas sus historias reunidas.* Una se enlaza a la otra, como han gustado todos los grandes narradores, y en particular los cuentistas orientales. En el alma de cada uno de ellos hay una Scheherezade, que con cada pasaje de sus historias se acuerda de otra" (*El narrador*, ed. cit.).

En cambio, el padre no tiene nada que contar, o lo cuenta de mala gana y confusamente, o bien se pierde en detalles que desplazan lo esencial y, en suma, no revela aquello que da sentido al suceso contado y lo mantiene en secreto. En torno de ese secreto hay un vacío que recubre una palabra, un tono, un susurro que será recordado para siempre: el recuerdo de una omisión, el decir de un olvido. Tres veces relata Benjamin, hasta que da con el tono justo, aquello que el padre (*no*) le contó a los seis años. Cuando está promediando *Crónica de Berlín*, el texto en el cual se basa *Infancia en Berlín hacia 1900*, Benjamin habla de las imágenes indestructibles del pasado debidas a un *shock*. Afirma que tendría olvidada aquella habitación de la infancia si el padre no hubiera entrado una noche para darle la noticia de una muerte: "En el fondo no era esta noticia en sí lo que tanto me afectó; el muerto era un primo lejano. Pero tal y como mi padre me la dijo, era [...]". Y aquí mismo en el manuscrito el relato de Benjamin se interrumpe. Unas páginas después escribe por qué había grabado en su memoria esa habitación: un día iba a buscar en ella algo olvidado y ahora descubría qué era. Y así finaliza abruptamente el manuscrito de *Crónica de Berlín*, inconcluso: "Aquí, en esta habitación, mi padre había 'olvidado' una parte de la noticia de la muerte: que la enfermedad se llamaba sífilis". Al fin, Benjamin le da forma al relato la tercera vez que lo cuenta, ahora con precisión, en el capítulo "Noticia de un fallecimiento" de *Infancia en Berlín*. Sobre su padre dice: "era un hombre ya entrado en años que no me interesaba demasiado". El padre le describe con detalle el paro cardíaco de un primo pero, sin embargo, no fue mucho lo que comprendió de su relato. Algo no estaba dicho. Al fin, sabrá que aquella habitación se recuerda "como quien se fija en el lugar al que se supone ha de volver algún día para buscar algo olvidado. Sólo muchos años más tarde me enteré de qué se trataba. En esta habitación mi padre me había ocultado parte de la noticia, y es que el primo había muerto de sífilis".

En ese relato paterno había otra mujer, no menos infatigable que la madre, pero degradada y oculta, elidida: la prostituta (*Die Dirne*). Esa figura es la que en el capítulo "Mendigos y prostitutas" representa la ocasión tanto para huir de su madre como de su clase: el niño descubre en la ciudad que hay trabajadores mal pagos en lugar de propietarios y se rezaga en la calle para no quedar pegado a su madre: "Lo que tenía que agradecer a esta resistencia soñadora durante los paseos comunes por la ciudad se mostró más tarde, cuando su laberinto se franqueó al instinto sexual. [...]. En todo caso, no cabe duda de que la sensación –engañosa, por desgracia– de abandonar a mi madre, a su clase y a la mía, era la causa del impulso sin igual de dirigirme a una prostituta en plena calle".

El niño conoció dos modos de relatar: el de la madre que hila las historias como la musa Mnemosyne, "mujer infatigable y divina"; y el del padre, que omite lo que debería ser contado, es decir, el secreto, de orden sexual, que lleva a una catástrofe. Y allí puede establecerse una relación posible. Se trata de la tensión *entre lo inolvidable y lo secreto*, que estaría en un doble origen: el *deseo de narrar* lo inolvidable, unido al hecho de *narrar el deseo* que suele ser secreto. En uno de sus escritos tempranos, de 1917, sobre *El idiota* de Dostoievsky, Benjamin ya apuntaba que la vida inmortal es inolvidable. Pero ese carácter no habla de la inmortalidad, sino de aquello de la vida que no muere en tanto no puede ser olvidado porque es imperecedero. Ese aspecto inolvidable de la vida persistiría en la narración.

En los relatos primerizos de la madre revive ese rasgo. En cambio lo que se olvida del relato del padre es aquello que permaneció oculto: un secreto de orden sexual. El despertar sexual es el que desoculta lo omitido en aquel relato: una enfermedad venérea producida por la frecuentación de prostitutas. El centro en torno del cual se hila y deshila la trama de los relatos es el encuentro con una mujer. Luego del reconocimiento de la madre, la iniciación sexual en la juventud de Benjamin se realiza, cuando "el laberinto [de la ciudad] se franqueó al instinto", al buscar a una prostituta, que produce la sensación engañosa de abandonar a su madre y a su clase. Ese es uno de los motivos que ronda el primer intento deliberado de narrar que Benjamin manifiesta explícitamente en 1913 cuando se propone escribir una *Novelle* llamada "La muerte del padre" y luego otra –que no escribió– cuyo tema consistiría en "dar a la prostitución actual un sentido absoluto".

Pero ¿qué es una *Novelle*? El término *Novelle* es utilizado por Benjamin del modo específico que recupera el romanticismo alemán y también del modo como el que habitualmente lo reconocemos como "cuento". Habría una dimensión todavía aurática, que no puede hallarse en la novela sino en esa forma más antigua, propia de la tradición narrativa alemana. En "El París del Segundo Imperio en Baudelaire", cuando Benjamin menciona los cuentos de Poe lo hace con el término *Novelle*: "*Poes berühmte* Novelle *'Der Mann der Menge' ist etwas wie das Röntgenbild einer Detektivgeschichte*"; literalmente: "La célebre *Novelle* de Poe 'El hombre de la multitud' es algo así como la radiografía de una historia detectivesca" –pero deberíamos leer como "el célebre cuento de Poe". En realidad el propio Poe, que tuvo una profunda influencia del romanticismo alemán, sienta las bases del cuento como *short-story*, en su conocido texto sobre Hawthorne: relato de extensión indeterminada y relativamente breve, concentrado hacia el efecto final. Sin embargo, Poe utiliza todavía el primitivo y largamente usado término *tale* y, de hecho, se refiere a los *Twice-told Tales* del autor reseñado. Allí Poe limita y a la vez potencia el género cuyos orígenes y denominaciones siempre fueron difusas: *conte, nouvelle, novella, Novelle, yarn, sketch, skaz*. Desde los cuentos de *Las Mil y una Noches* árabes o el *Decamerone*, del siglo XIV –libro en el cual, afirma Boccaccio, "si contengono cento *novelle*"–, desde *The Canterbury Tales*, de Chaucer o *Il Novellino* de Masuccio Salernitano en el siglo XV hasta las *Novelas ejemplares* de Cervantes en el siglo XVII, esa vasta tradición confluyó en el cuento moderno. El término *tale* proviene etimológicamente de la acción de contar, *to tell*, esto es, de narrar y es en ese núcleo de puro relato en el que Benjamin se centra. De hecho el español conserva, como el idioma alemán, otra remota acepción: *contar* es tanto relatar como numerar; en alemán *Zahl* (número) y *zählen* (numerar) se hallan en *Der Erzähler*, el narrador que, estrictamente, es el "contador" de historias. Ese carácter primitivo del narrar privilegia Benjamin en el término *Novelle*.

En su prefacio a las obras de Boccaccio, de 1801, Friedrich Schlegel procuraba una definición de la *Novelle* que creó la tradición alemana del concepto pero que abrevaba en *Las conversaciones de inmigrantes alemanes* (1795) de Goethe, cuyas composiciones el propio Schlegel comparaba al *Decamerón*, mientras von Humboldt veía su antecedente en los *Märchen*. Goethe mencionó una historia con pocos personajes y acontecimientos. Ludwig Tieck destacó en las narraciones de un hecho inaudito que tuvo lugar, un giro o punto de inflexión (*Wendepunkt*) inesperado. Atento a esta tradición, J. A. Cuddon definió *Novelle* como un relato de ficción de extensión indeterminada, de pocas páginas a decenas, limitado a un solo hecho, situación o conflicto, que provoca suspenso y conduce a un inesperado punto de inflexión, de modo tal que la conclusión sorprenda aunque sea lógica (*Diccionario de teoría y crítica literarias*. Traducción de Daniel Altamiranda y María Alejandra Rosarrosa. Buenos Aires, Editorial Docencia, 2001). Así como Cervantes incluyó la "novela ejemplar" del "Curioso Impertinente" en el cuerpo mayor de *El Quijote*, Goethe incorporó a *Las afinidades electivas* la *Novelle* "Los extraños vecinitos" y en el *Wilhelm Meister* "La nueva Melusina", ambos muy apreciados por Benjamin. En su estudio sobre *Las afinidades electivas* analiza la forma y función de la *Novelle*, que posee una fuerza vivificadora en el centro de la novela. Destaca en ella el primitivo origen de la narración, como si su inclusión en la novela la dotara de una profundidad antigua: "En la *Novelle* se destaca con absoluta claridad la pensada regularidad de su forma, la intangibilidad del centro, es decir, *el secreto* como un rasgo esencial. Puesto que lo secreto es en ella la catástrofe, situada en el medio del relato como principio vivo mientras que en la novela su significado de acontecimiento final sigue siendo fenoménico" (en: *Dos ensayos sobre Goethe*. Traducción de Graciela Calderón y Griselda Mársico. Barcelona, Gedisa, 1996). ¿No se repite aquí a través de la *Novelle* aquella díada antes enunciada: la tensión entre *lo inolvidable* y *el secreto*, el relato paterno y materno como una condición para ejercerlos en el ser escritor y cuyo objetivo será, como el hilo de Ariadna, encontrar la mujer en el núcleo de la trama, en el camino hacia el laberinto?

La prueba del laberinto

Un día de junio de 1913, a los veintiún años, Benjamin se encontraba en Friburgo para cursar seminarios de filosofía y estética en el semestre de verano, y escribe una de sus habituales cartas a su amigo Herbert Belmore, compañero de estudios en Berlín –donde cursaba en el semestre de invierno. Allí declara, con voluntariosa exactitud:

> *Hoy al mediodía he comenzado mi carrera de escritor con una* Novelle *de hermoso título: "La muerte del padre". Asunto: poco después de la muerte de su padre, un joven seduce a la criada. De qué modo, entonces, ambos acontecimientos llegan a fusionarse y de qué modo el peso de uno (embarazo de la muchacha) gravita sobre el otro. La materia proviene de la vida del señor Manning, de la cual descubro, alrededor de la medianoche, aquí y allá, algunas de sus ilimitadas dimensiones.*

El relato parece provenir de esas conversaciones en la trasnoche de días calurosos con Otto Harald Alfred Manning, ciudadano inglés que estudiaba finanzas en la Universidad de Friburgo y era uno de los compañeros que frecuentaba allí: a menudo hablaban de mujeres. "Me sorprende –le escribe a Belmore– cuánto puedo decirle, sin tener experiencia concreta. Él, en cambio, me aporta la suya, y yo avanzo". En aquel verano también conoció a su amigo más entrañable: el joven poeta Fritz Heinle, que se había unido a esas agrupaciones estudiantiles en las que Benjamin defendía la juventud como un nuevo ideal, que modificaría la vida del espíritu mediante la acción cultural, iniciada en una reforma educativa. Predicaban la juventud como un valor en sí mismo, la renuncia a la burguesía y el derecho a una cultura propia. Horrorizado por la guerra que se desataba, en agosto de 1914 Heinle se suicidó. El hecho afectó profundamente a Benjamin y, admirador de su amigo poeta, compuso en su honor una serie de sonetos elegíacos que jamás publicó. No volvió a escribir poesía pero, en cambio, al margen de sus primeros ensayos filosóficos sobre la experiencia de la juventud, Benjamin había intentado escribir relatos y apuntó aquel mediodía de 1913 como un verdadero acto de iniciación como escritor. Un mes después le prometía a Belmore otra narración:

> He decidido consolarte con una Novelle *que estoy a punto escribir. Si la termino, la recibirás. Y percibirás en un lenguaje muy secreto aquello que, expresado claramente, no pareces advertir. Será mejor que desesperadas explicaciones por carta. Sólo esto: darle a la prostitución actual un sentido absoluto. ¡Puedes llamar a esto precipitado! Pero yo pienso de otro modo. Y ahora, antes de que podamos debatirlo personalmente o de que llegue la* Novelle, *concluiré con estas hermosas palabras de Marion en* La muerte de Danton, *de Georg Büchner: "Poco importa lo que nos da placer, los cuerpos, las imágenes de Cristo, las copas de vino, flores o juguetes de niños; el sentimiento es el mismo: el que disfruta más es también aquel que más reza". Pero ser capaz de dar placer y actuar como si fuera nuestra amiga, esta es la máxima virtud de la prostituta. De ese modo interpreto a Marion –además de eso, puedes reclamar esas palabras como tuyas. Pero ¿cómo puedes atribuirme la idea de que un hombre puede regocijarse con una prostituta y regresar a*

*su trabajo fresco y satisfecho (y más pacificado)? ¿Me crees un botocudo?**

Benjamin nunca escribió ese relato prometido, pero una y otra vez regresó a ese motivo. En el relato "El avión" narró la iniciación sexual con una prostituta, que asimismo estará presente en las referencias a la madre y al padre de *Infancia en Berlín en el 1900*, y también en un enigmático ensayo de 1916, "La metafísica de la juventud", en el cual la figura de la prostituta se fusiona con una especie de utopía del relato, custodiado por lo femenino a través del habla, de la conversación y de la escucha. Allí se argumenta que, en tanto el hablante se encuentra poseído por el presente, jamás podrá expresar y relatar cabalmente el pasado, del cual, no obstante, puede discurrir. Sólo alguien que escucha, un privilegiado oyente en el que ha de confiar, podría dotar de sentido ese discurso: "Hace tiempo que espera allí la prostituta. Como la mujer tiene, en todo caso, el pasado pero no el presente, protege el sentido sustrayéndolo de la comprensión. [...]. La prostituta custodia el tesoro de la cotidianeidad, pero también el más precioso: la nocturnidad. Por eso la prostituta es la oyente por excelencia (*Darum, ist die Dirne die*

---

* *"Du mich für einen Botokuden?"*. El botocudo es un grupo indígena del Brasil que habita entre el río Jequitinhonha y el valle del río Doce, en los Estados de Bahia, De Minas Gerais y de Espirito Santo; los portugueses les dieron ese nombre en el siglo XVI. Escribió Alfred Métraux: "Los botocudos (conocidos como *Aimboré, Amburé, Aimoré, Guerens, En-hérakmung, Engeräkmung*) fueron también llamados *Borun*. [...]. El botocudo debe su nombre a los discos cilíndricos, usados por mujeres y hombres, en las orejas y en los labios inferiores. Estos cilindros [*botoque*], de madera liviana, tienen entre 7,50 y 8 cm. de diámetro y 2,50 cm. de espesor. Las orejas son perforadas a la edad de 7 u 8 años y los labios unos pocos años después" (Alfred Métraux, "The botocudo", en: Julian H. Steward (Ed.), *Handbook or South-American Indians*. Vol. 1: *The Marginal Tribes*, Washington, United States Government Printing Office, 1946).

Hörende), salvando la conversación a base de sustraerla de la mezquindad", escribe Benjamin. Y también: "La mujer custodia el lenguaje. Percibe el silencio, y la prostituta percibe al creador de lo que ya ha sido. Pero ninguna de las dos cuidan del dolor cuando hablan los hombres". En la sección 5 hay un diálogo entre el genio y la prostituta: "Ahora sólo pienso en mi madre –le dice el genio a la mujer. ¿Puedo hablarte de ella? Me dio a luz. Dio a luz como tú: cientos de poemas muertos. Como tú, tampoco conoció a sus hijos. Estos fornicaban con extraños". "Como los míos", interrumpe la prostituta. "Mi madre solía vigilarme, preguntarme, escribirme. Por ella he olvidado yo a todos los hombres. Todas las mujeres me han parido, pero ningún hombre me ha engendrado", dice el genio. Y luego: "Todas las mujeres a quienes vengo a visitar son como tú. Me han parido muerto y quieren concebir de mí un muerto". "Pero yo soy la más animosa ante la muerte (*Aber Ich bin die Todesmutigste*)", concluye la prostituta (*La metafísica de la juventud*. Introducción de Ana Lucas. Traducción de Luis Martínez de Velasco. Barcelona, Paidós, 1993).

Esas premisas, que en la dimensión social tienen un componente discriminatorio, obrarán de otro modo en el plano simbólico que Benjamin convoca en su primer deseo de narrar, cuando se hallaba interesado en escribir esa *Novelle* que diera a la prostituta un sentido *absoluto*. El texto es oscuro, pero al menos eleva a una dimensión mitológica ese rasgo banal que se reconoce en la prostituta –"la que escucha en silencio a los hombres". El pasaje de la madre a la prostituta, atravesado por lo femenino, también guarda relación con el relato. Puesto que todo relato se vincula con un pasado que se actualiza y dado que el hombre habla pero vive en el presente, entonces *sólo una Oyente* puede restaurar la potencia de la narración en un silencio que anule el tiempo mortal. El hombre, que ya no cuenta con los relatos de la madre y todos sus poemas están muertos, puede hablar de nuevo porque la Oyente custodia, con su silencio, la potencia incesante del narrar. De allí que en el centro del relato se halle aquella que escucha al muerto, porque es la *animosa ante la muerte*. La prostituta se halla en los senderos del laberinto de las ciudades y también dispone el hilo de la narración para hallar su centro.

La unión del laberinto, el hilo de una mujer-Ariadna y los relatos, están en el inicio del deseo de narrar del joven Benjamin cuando proyecta sus primeras *Novellen*. Y, asimismo, el motivo del viaje en torno del nombre de una mujer que se abandona o se posee. Como un acto de simetría y deuda, Benjamin escribe un relato para el cumpleaños de su madre y otro relato donde imagina la muerte del padre –en el mismo año en que Franz Kafka escribe "La condena". El primero, "Historia silenciosa", es el relato de una impotencia erótica y, en parte, retoma aquella "aventura del alma" anotada en el "Diario de Wengen" cuando vio a una muchacha en la estación, pero no pudo hablarle ni volver a mirarla. En este relato, el narrador sigue a una muchacha que desea y que es una viajera, pero sólo atina a llevarle su valija, como un "maletero". El segundo, "La muerte del padre", es el relato de una profanación: el narrador mixtura el duelo de la muerte con su experiencia sexual y posee a la criada en el diván donde el padre ha muerto. Al final se pregunta, cínicamente: "¿Qué diría mi padre?". En cierto modo allí se halla la muerte de un Minotauro. Esos relatos iniciáticos del deseo de narrar no prosiguieron con la *Novelle* sobre la prostitución, como fue prometido, pero acaso "La metafísica de la juventud" tomó su lugar. Años después, Benjamin escribiría en "*Zentralpark*. Fragmentos sobre Baudelaire": "La prostitución entra en posesión de los nuevos arcanos con el nacimiento de las grandes ciudades. Uno de esos arcanos es el carácter laberíntico de la ciudad misma. El laberinto, cuya imagen está grabada en el cuerpo mismo del *flâneur*, aparece, con la prostitución, bajo colores nuevos".

Antes de llegar a las islas Baleares, Benjamin había escrito, en 1929, dos relatos de tema amoroso sobre una mujer ausente: narrar el deseo como la huella de la que no está. Como un coleccionista, sabía que en los objetos podía hallar las huellas de lo vivido y que en las cosas cotidianas se imprimen los vestigios del morador. Poseerlos habilita el ensueño de una presencia. Una mujer puede vivir todavía en los objetos que dejó, pero también en la ciudad en la cual vivía: así en las calles o en un frontispicio se halla también la traza de su nombre. En "El palacio D...y" Benjamin describe a un enigmático hombre que una y otra vez repite un acto para revivir el amor perdido y sostiene en un gigantesco palacio vacío un *boudoir*, cuarto de tocador cargado de los objetos que frecuentaba la mujer ausente. En otra notable *Novelle*, un enamorado nostálgico escribe en el suelo el nombre de su amada "Olimpia" y le cuenta a su amigo el relato de su vida de *flâneur* en la ciudad en la que vivió el amor ausente. Como si adentrarse en una calle fuera sentirla otra vez; como si descubrir el nombre de otra *cocotte* esculpido en un templo abriera en su vigilia o en el sueño el nombre latente de la otra; como si fuera un coleccionista de los días extraviados, ese narrador vaga en una laberíntica narración que evoca a una mujer en cierta ciudad que es un laberinto. El título de ese relato cita un verso de Goethe sobre un poeta que ya no quiere inscribir sus rimas de amor en el polvo que arrasa el viento –rimas "trazadas en el polvo móvil" (*"Dem Staub, dem Beweglichen, eingzeichnet"*)–, pero que sin embargo están arraigadas al centro de la tierra por la fuerza nominativa de su huella. En esa *Novelle* se halla aquella frase reveladora: "todo viaje de aventuras, para que realmente se lo pueda contar, debe devanarse en torno de una mujer, al menos de un nombre de mujer". Cuando Benjamin viajara a Ibiza, eso ocurriría otra vez.

EL NARRADOR EN IBIZA

Benjamin llegó a las islas Baleares hacia 1932, de un modo algo casual, pero sin duda atraído por su fascinación con el Mediterráneo. Lo hizo, como le relata a Scholem en la primera carta enviada desde allí el 22 de abril, porque había ganado unos cientos de marcos imprevistos con un trabajo sobre Goethe y porque su amigo Félix Noeggerath le hablaba de "cierta isla donde él mismo planeaba realizar su éxodo junto a toda su familia". Benjamin les pagó por una habitación y por su comida en la casa que habían alquilado en la bahía de San Antonio. El vínculo con Noeggerath fue decisivo para su rica experiencia en la isla. Por un lado, su hijo, el joven Hans Jacob, había llegado allí para iniciar su tesis filológica sobre la tradición popular de las narraciones del campesinado de Ibiza, en las que Benjamin se mostró vivamente interesado y abrió otra vez su inclinación hacia el arte de narrar, bajo la forma de la teoría y la práctica. Por otro lado, Noeggerath le presentó a la pintora holandesa Annemarie 'Toet' Blaupot ten Cate, con la cual tendría un breve e intenso vínculo amoroso, transfigurado en las dos versiones de "Agesilaus Santander", escritas para ella en agosto de 1933. Durante su primera estancia, entre abril y julio de 1932, también se hizo amigo de un matrimonio francés, Jean Selz y su mujer Guyet, sobre todo en su segunda estadía, entre abril y septiembre de 1933, antes de enfermarse de malaria y volver a París. Entre estas dos estancias, cercanas en el tiempo, se abrió un oscuro abismo para su vida. "Si Benjamin llegó a Ibiza por primera vez como turista, la segunda lo hizo como exiliado: una diferencia sustancial que iba a marcar radicalmente su segunda estancia", apuntó Vicente Valero, que reconstruyó con pericia los dos viajes de Benjamin a las Baleares (en *Experiencia y pobreza. Walter Benjamin en Ibiza*, 1932-1933, Península, Barcelona, 2001 y en el prólogo y notas para su edición de Walter Benjamin, *Cartas de la época de Ibiza*. Traducción de Germán Cano y Manuel Arranz. Madrid, Pre-textos, 2008, cuya valiosa información se refiere aquí).

Entre una y otra estadía Benjamin vivió un doble desgarramiento. Ya en mayo de 1932 le contaba a Scholem desde Ibiza que sus recursos económicos eran escasos, pero que el sentido común le obligaba a "celebrar con mi ausencia los festejos de inauguración del Tercer Reich". Luego de su primera estadía, se instaló en un hotelito de Ibiza en julio de 1932 y, como si dispusiera un remate melancólico, planeó su suicidio: "Esta habitación es el modesto cuarto de espera en el que puedo confiar, me imagino, para que el gran médico me permita entrar en el *parloir* de la nada". Lo abruma el hecho de que las posibilidades de sobrevivir para un escritor de su actitud y formación "están a punto de desvanecerse en Alemania" y que sólo "la vida con una mujer o con un trabajo bien definido serían estímulo suficiente": le faltan ambas cosas. Escribe su testamento y cartas de despedida. Pero pronto desiste y viaja a Poveromo, Italia, en el otoño de ese año, y en diciembre regresa a Berlín. Por poco tiempo. Ya en enero sospecha que "se anuncian allí ciertas transformaciones"; en febrero que "todo el mundo percibe que el aire ya apenas puede respirarse cuando a uno se le hace un nudo en la garganta"; en marzo resuelve partir de Berlín a París. Ese mes Hitler dictaría el decreto de *Gleichschaltung* –sincronización forzada o nazificación–, para ejercer el control total de la sociedad. El término fue, según Victor Kemplerer, el primer vocablo característico del nazismo, tomado del lenguaje técnico, para iniciar la monstruosa uniformidad, despersonalización y control absoluto de la población. A partir de entonces Benjamin se transforma en un exiliado y no hay viaje que no sea al mismo tiempo una huida, en condiciones cada vez más limitadas y desesperantes, hasta el día aciago de Port-Bou, cuando se suicidó. Con su regreso a Ibiza, el 11 de abril de 1933, buscaba algo de paz en el Mediterráneo y, asimismo, un espacio donde vivir con escasos recursos. Se ve obligado a firmar los textos que envía a la prensa alemana –y cuya demanda comienza a escasear, con lo cual su situación económica se agostaba– con un seudónimo: Detlef Holz. Abandonó la casita de los Noeggerath y acabó viviendo en la habitación de una casa en construcción destinada a guardar muebles –algunos lugareños lo llamaban "el miserable". Visitaba a Jean Selz, en su casa del barrio antiguo de la ciudad y luego en la "Casita" cercana al mar, donde mantenían largas charlas. Un día consumieron una bola de opio que Selz consiguió en el barrio chino de Barcelona. Se desató una tormenta y Benjamin sentía que los relámpagos tenían algo que decir cuando llegaban hasta su fulgor blanco y que el color rojo de un ramo de claveles se volvía amenazante. Para referirse al opio, Selz inventó una palabra: "crock". Benjamin escribió unas breves y teóricas "Notas sobre el crock", que sumaría a sus escritos sobre "Haschisch en Marsella" y el relato que le atribuía a un personaje sus propias experiencias "Myslowitz-Braunschweig-Marsella".

Cuando Benjamin llegó a Ibiza en 1932 desde el centro de la modernidad comprendió que entraba en un anacronismo casi idílico. Pocos días después de su llegada le describió a

Scholem, en una carta fechada el 22 de abril, ese pasaje temporal:

> *Como la agricultura y la cría de ganado aún se practican aquí bajo una forma arcaica, no cabe encontrar más que cuatro vacas en toda la isla, ya que los campesinos siguen apegados a una economía a base de cabras; tampoco es posible ver algún tipo de maquinaria agrícola, y los campos se riegan como hace cien años por ruedas de labranza arrastradas por mulas; de igual modo también son arcaicos sus interiores: tres sillas junto al muro de la habitación frente a la entrada ofrecen al extraño la confianza y la seguridad que tendrían tres "Cranachs" o "Gauguins" colgados en la pared; un* sombrero *sobre el respaldo es más imponente que la más costosa tapicería. Queda decir finalmente que existe una serenidad, una belleza en los hombres –no sólo en los niños– y, además de eso, una casi total libertad de los extraños, que debe conservarse mediante la parquedad de informaciones sobre la isla.*

De inmediato comenzó a escribir un diario de viaje: "España 1932". Y allí comenzó a abrirse otra vez el imperioso deseo de narrar. Ya venía escribiendo sobre las diferencias entre la novela y la narración pero el interés en los relatos de los campesinos lo llevó, junto al aire del Mediterráneo, al anacronismo de ese arte antiguo y todavía aurático que resumió en el comienzo del ensayo "Experiencia y pobreza", escrito al año siguiente: que en las comunidades antiguas se comunicaba la experiencia a través de las fábulas, los apólogos, las historias y que en los tiempos del presente, en el cual después de la guerra las personas regresaban mudas del campo de batalla, se había devaluado la experiencia con la pérdida del acto mismo de narrar: "¿Quién encuentra hoy gentes capaces de narrar como es debido? –escribió de nuevo– ¿A quién le sirve hoy de ayuda un proverbio?". Había compuesto también otro ensayo sobre el debilitamiento de la facultad mimética en el hombre moderno, que "no contiene más que escasos restos de aquellas correspondencias y analogías mágicas que eran familiares entre los antiguos". Escribe también una prosa llamada "Al sol", donde apunta que hay una escritura cifrada *detrás* de la fauna y de la flora y que el campesino tiene la clave de ese código y sabe los nombres, aunque no tenga posibilidad de hablar acerca de este lugar. Otro día, de visita en la casa de Jean Selz, contemplaba cómo su amigo preparaba en la chimenea, con minucia, una pira de leños para encender el fuego del hogar. Mientras las llamas crecían, Benjamin le dijo: "Usted trabaja como un novelista. Toda esa construcción, pedazo por pedazo, un leño que sostiene a otro en perfecto equilibrio. ¿A qué está destinada? A ser destruida. Como la novela. Los héroes de una novela se sostienen unos a otros en perfecto equilibrio y la verdadera finalidad de la historia es destruirlos".

En Ibiza todo, en cierto modo, le habla. Incluso su propia infancia: redacta una memoria autobiográfica que llama *Crónica de Berlín*, que será el primer acervo de *Infancia en Berlín hacia 1900*. Quiere describir en un acto de presencia ciertos textos sobre el "tiempo anterior": la "Serie de Ibiza", breves cuadros reflexivos –*Denkbilder*, imágenes del pensar– donde menta aquello que parece borrarse del mundo y persistir allí: la cortesía, el pedido de consejo, la atención, el interior de las casas ibicencas que no deja de contemplar. Desea quintaesenciar sus anteriores diarios de viaje y vuelve a "España 1932": allí resurge, nítido, el deseo de narrar. De ese cofre de memorias

inmediatas extrae uno por uno los relatos de su experiencia
misma y los repite otra vez para volverlos inolvidables: la historia del motín abortado en el viaje del Mascotte; la historia
de la tripulante que es salvada de las aguas y entrega su
pañuelo con displicencia; la historia de la honestidad de los
nativos, que tienen abierta una prisión vacía de ladrones.
Retratos de extranjeros como él, que ejercitan el arte de la
impostura y la extrañeza, como el relato del irlandés que
coleccionaba máscaras o la historia fantástica que cuenta
Rastelli, el malabarista. Y también pequeñas iluminaciones,
minúsculas crónicas de epifanías ambulatorias, como el paseo
con la amiga bajo la reverberación de una luz extraña hasta
que se revela, entre los árboles, el círculo de la luna –la "amiga" que luego se revelaría como su amante durante los días
de Ibiza: [B]. Historias que nada prueban, historias sin mora-
leja que se interrumpen en lugar de concluir, que alguien le
cuenta a otro para acortar el tiempo del viaje, en las horas
muertas de la tarde o antes del alba, en demorados encuen-
tros de tabernas, en confesionarios laicos.

Cuando abandona Ibiza, se anima a multiplicar las voces
en una trama de historias y escuchas y divagaciones sobre lo
diminuto y lo monstruoso, sobre el juego y el inconciente,
cruzadas como si una red quisiera sostener todavía la pérdida de la experiencia. Camino a París, Benjamin escribe todavía tres relatos extraños y muy breves, que pueden ser leídos
como parábolas irrisorias. Antes de ellas, otro relato, "El
segundo Yo", pulveriza la figura misma del narrador, en una
especie de onirismo de lo no realizado, suerte de doble espe-
cular del nacido bajo el signo de Saturno –el planeta de las
dilaciones y la demora– que enumera aquellas cosas que quiso
hacer. Luego, esos dos apólogos irrisorios que se burlan del
ser lingüístico de las cosas, del mundo de las semejanzas donde
los vocablos están motivados, de la posible trama mágica

entre lo hablado y lo aludido. Es decir, todo aquello que Benjamin indagó en las concepciones místicas del lenguaje de los hombres es llevado al absurdo: "Por qué el elefante se llama 'elefante'" y "Cómo se inventó el bote y por qué se llama 'bote'". Finalmente, "Una historia graciosa, de cuando aún no había hombres" parece el último sarcasmo de Benjamin sobre su propio *Angelus Novus*, el ángel de la historia que contempla las ruinas del pasado de espaldas al viento del progreso que lo arrastra al futuro.

En sus relatos también reelabora la teoría misma del contador de historias como la del artesano en el mundo arcaico y asimismo la dificultad de narrar en el mundo moderno. Enmarca algunos relatos en ese espacio preterido, como en "Noche de partida": "Sesenta años atrás aquí no se conocía aún el pan; el alimento principal era el maíz. Y aun hoy se irrigan los campos a la vieja usanza, con norias accionadas por mulas. Sólo hay un par de vacas en la isla. [...]. Hasta no hace mucho, al llegar a Ibiza uno podía averiguar del primero que se le cruzaba: 'Ahora hay tantos forasteros en la isla'. De esos tiempos es la siguiente historia, tal como fue contada en la mesa de Don Roselló". Como antes señalamos, se pregunta, al inicio de "El pañuelo": "¿Por qué se está acabando el arte de contar historias? [...].Termina siendo un saber, así como a la inversa la sabiduría suele manifestarse como narración. Por eso el contador de historias es también alguien que sabe dar consejo". Sin embargo, Philippe Invernel apuntó con agudeza un matiz que nunca debería olvidarse: "Benjamin asocia la narración tradicional al mundo artesanal, y es la imagen de un tejedor la que se impone en sus textos, pero de un tejedor que acelerara el ritmo y multiplicara las operaciones; su mano experta anticipa el arte del montaje cinematográfico: discontinuidad, bruscos cambios de dirección, recurrencias generadoras de *shocks*".

El deseo de narrar es apremiante y así también aquellas formas del relato propias de la era de la reproducción técnica buscan su cauce. Un día de mayo de 1933, le escribe a Gretel Adorno desde Ibiza: "De los proyectos que acaricio, habría que mencionar sobre todo un plan de novela policial que sólo escribiré cuando tenga alguna sospecha de que tiene que salir bien. Por ahora sólo con ciertas reservas puedo pensar en escribir una, realizando hasta el momento nada más que algunas hojas con escenas, temas, trucos que puedan ser objeto de reflexión más adelante". Desde muy joven Benjamin leía novelas policiales y escribió el luminoso texto "Las novelas policiales en los viajes", en el que une de nuevo el acto de narrar al acto de viajar, los relatos "rítmicos y sincopados" con el compás de las ruedas en las vías, la expectativa del crimen irresuelto con la espera en las estaciones. A menudo las historias policiales también dieron materia a sus reflexiones sobre la modernidad. Escribió, por ejemplo: "En la figura del *flâneur* se preformó la del detective". O bien: "El contenido social originario de las historias de detectives es el borramiento de las huellas del individuo inmerso en la multitud de la gran ciudad". Leyó a Leo Perutz, a Gaston Leroux, a A. K. Green, a Agatha Christie. Desde temprano se aficionó a los detectives laboriosos: el Dupin, de Poe; el Holmes, de Conan Doyle; el Father Brown, de Chesterton; el Absjörn Krag, de Sven Elvestad; el Lecoq, de Gaboriau; el Arsène Lupin, de Maurice Leblanc. Pero su favorito era el inspector Maigret: desde que descubrió a Simenon en Ibiza, en 1933, leyó más de veinte de sus novelas. "Me voy a la cama y me permito, iluminado mágicamente por algunas velas, el lujo de alguna lectura a la luz. A esto le debo el conocimiento de Georges Simenon", le escribió en aquella carta a Gretel Adorno. En esas hojas sueltas con "Materiales para una novela policial" (incluido en *Gesammelte Werke*, VII) se leen apuntes de ideas y situaciones que luego se ordenan numeradas, o el esbozo de una historia criminal en diez capítulos. El conjunto tiene el aspecto de aquellos cuadernos de notas donde los narradores esbozan argumentos, como los de Hawthorne:

> *Un hombre tiene el hábito de guardar su dinero entre los libros de su enorme biblioteca. Un día quiere huir con su dinero pero ya no se acuerda en qué libro lo escondió.* [...]
>
> *Figura del asesino: un psicoanalista.* [...]
>
> *Alguien que pierde su coartada por hacer una broma.* [...]
>
> *La conversación del asesino con el verdugo, que es la única persona que lo defiende.* [...]
>
> *Asesino y detective podrían ser amigos íntimos como Sherlock Holmes y Watson.* [...]
>
> *Se descubre a un asesino a través de un juego de ajedrez.* [...]
>
> *Un cadáver en una estatua.* [...]
>
> *El cadáver del detective –o del asesino– descubierto sobre la mesa de la clase de Anatomía.* [...]
>
> *El lector que lee un periódico con tanto celo que el detective descubre que en realidad está espiando.* [...]
>
> *Conversación entre seis hombres Todos condenan un asesinato cometido con un arma muy filosa. Sólo uno de ellos tiene una mirada conciliadora. Después resulta ser el verdugo.* [...]
>
> *Un hombre comete un asesinato completamente inmotivado, para borrar las huellas del asesinato motivado que conducirían a que fuera descubierto.* [...]

Uno de esos apuntes resume un breve relato que finalmente escribió, "La advertencia", incluido en las "Cuatro historias".

El redescubrimiento del arte de narrar en los días de Ibiza puso en juego para Benjamin cuatro planos que se intersecan: el hallazgo de un espacio arcaico propicio que permitía recuperar las huellas de la narración como actividad premoderna y artesanal; su rescate, no como una restauración nostálgica, sino como una potencia humana que puede reaparecer bajo nuevas formas propias de la era de la reproducción técnica; el desarrollo de una teoría de la narración que culminará en el ensayo "El narrador" (1936) a través de diversos escritos y apuntes; el propio ejercicio de la narración mediante la escritura de relatos, en los cuales también se halla un modelo transitivo entre lo antiguo y lo nuevo.

[B] Y EL ÁNGEL ANDRÓGINO

"Cuando nací, mis padres tuvieron la idea de que tal vez yo podría ser escritor. Sería bueno, entonces, que nadie notara de inmediato que era judío. Por eso, además del nombre con el que me llamaban, me dieron otros dos muy inusuales. No quiero revelarlos. Baste decir que hace cuarenta años difícilmente mis padres habrían podido ver más lejos. Lo que ellos creían que era una remota posibilidad, se cumplió." Esa declaración inicia una de las dos versiones del texto seudobiográfico que Walter Benjamin apuntó en un cuaderno de notas, en Ibiza, entre el 12 y el 13 de agosto de 1933, bajo el enigmático nombre de "Agesilaus Santander". Algunos, como Peter Szondi, atribuyeron ese relato delirante a un acceso febril, ya que Benjamin habría contraído malaria en aquel verano español del treinta y tres, tal como le fue diagnosticada a su regreso a París en el mes de septiembre. Gershom Scholem, que tenía continua comunicación con su amigo en esa época, realizó en la conferencia de 1972,

Benjamin y su ángel, una profunda exégesis de aquellos textos basada en la mística judía y aventuró que el nombre Agesilaus Santander era un anagrama de "Der Angelus Satan". Pero Scholem también había descubierto en esa breve meditación sobre un ángel que se aparece bajo una figura de mujer, el enmascaramiento del propio Benjamin. Scholem asegura que aquella meditación, escrita en Ibiza bajo las condiciones desesperantes de un refugiado conducido al borde de la miseria existencial, no sólo manifestaba la contradictoria ambivalencia entre la intuición mística y la inteligencia racional propia del pensamiento de Benjamin, sino también "una mirada retrospectiva de su vida como escritor, como judío y como amante infeliz". El punto de partida es doble: por un lado la idea de que el hecho de ser escritor responde a un implícito deseo de la madre y del padre y, por otro, a que ambos le dieron dos nombres secretos para protegerlo del peligro por su condición de judío. Benjamin refiere así la antigua costumbre judía del nombre secreto que reciben los niños hasta que lo revelan en la ceremonia del *Bar Mitzvah*, cuando alcanzan la mayoría religiosa a los trece años, siendo responsables ante la ley judía. El término que usa Benjamin para referir esa mayoría es *Mannbarwerden*, en el sentido de volverse un hombre hijo de los mandamientos. El vocablo no sólo designa ese carácter, sino también el de alcanzar el despertar núbil y la madurez sexual. Pero aquel al que aquellos nombres estaban destinados, los dejó de lado: "En efecto –escribe Benjamin en "Agesilaus Santander"– en lugar de volverlos públicos por los textos que escribía, actuó como lo hacían los judíos con el nombre adicional dado a sus hijos, que permanece secreto; ni siquiera a ellos mismos se lo decían hasta que llegaran a la mayoría (*Mannbarwerden*). Ahora bien, como alcanzar esta mayoría puede ocurrir más de una vez en la vida, y acaso porque el nombre secreto sólo permanece idéntico y sin mutaciones para un hombre piadoso, a aquel que no lo es, en cambio, su transformación puede revelársele de súbito con otra mayoría. Así fue mi caso".

Scholem señala que en "Agesilaus Santander" esa "mayoría", cuyo aspecto sexual es del todo marginal para la tradición judía, está vinculada por Benjamin al despertar amoroso, que puede surgir en la vida más de una vez con cada amor real. El hombre piadoso, es decir fiel a la Ley judía, conserva su nombre 'secreto' y su mayoría sin transformación alguna, toda vez que no conocerá otras mujeres, pues se atiene al matrimonio único que dicha Ley consagró. En cambio, para el que, como Benjamin, no se halla entre los hombres piadosos, "la revelación de su nombre puede revelarse con una nueva mayoría, es decir, con un nuevo amor". Toda la interpretación de Scholem, al margen de su exégesis del aspecto místico, se basa en las mujeres conocidas por Benjamin a lo largo de su vida. Ese Ángel andrógino que se le aparece al narrador asume una forma femenina, en tanto comparte con el hombre, en su aspecto masculino, la incansable capacidad de espera hacia aquella que desea, como si se sostuviera largamente suspendido con sus alas filosas. Este último rasgo parece inspirado, según Scholem, en una pluralidad de mujeres, pero sobre todo en dos, que jugaron para Benjamin un papel decisivo luego de la ruptura de su matrimonio: Jula Cohn y Asja Lacis. Lo que ignoraba Scholem es que esa mujer a la cual los relatos estaban dedicados era, como siempre, aquella que estaba al final de un laberinto cuyo hilo se devanaba en torno de un nuevo nombre, de un nuevo viaje y, por ello, de un nuevo relato: en los días de Ibiza Benjamin vivió un amor clandestino con la pintora holandesa Annemarie 'Toet' Blaupot ten Cate. Le dedicó algunas cartas y dos poemas, "a [B]", escritos en el mismo cuaderno en el que se halló "Agesilaus Santander". La mujer

40

era casada y la relación se mantuvo en secreto, pero no duró más allá de 1935 y por eso Benjamin la mantuvo en el anonimato con la inicial [B], que es también la inicial de su apellido. El ángel andrógino, aprovechando que Agesilaus Santander era un hijo de Saturno "envió su forma femenina a unirse a la forma masculina de la imagen, por medio del más largo y fatal rodeo". Otra vez el viaje y el relato se devanaban morosamente en torno de una mujer o de un nombre de mujer. De hecho tanto el breve relato "La luz" como "Agesilaus Santander" formarían parte de una serie narrativa, inconclusa, que Benjamin apuntó así:

[B.] Historia de un amor en tres etapas:
1. Su interpretación del sueño con el criado
2. La luz
3. Sueño del tulipán
Otro material:
Agesilaus Santander
El primer encuentro

Así aquellos enigmáticos rodeos y aquellas mayorías sucesivas alcanzadas con cada amor nuevo; aquel conflicto entre lo que era una vez, único y nuevo, y lo que se daba otra vez, habitual y revivido, alcanzaban un sentido pleno al leer los borradores de las cartas destinadas a esa mujer secreta escritas en Ibiza, en San Antonio, una noche de verano de 1933, por ejemplo, antes o después de "Agesilaus Santander":

Mi amor,
acabo de estar una hora solo en la terraza pensando en ti. No aprendí ni descubrí nada, pero he pensado en muchas cosas y me di cuenta de que tú llenas totalmente la oscuridad y de que allí donde estaban las

luces de San Antonio, también estabas tú –por no hablar de las estrellas–. Cuando amaba a la mujer a la que estaba unido, era naturalmente la mejor e incluso la única. Pero cuando luego advertía que podía renunciar a cualquier otra, la que yo amaba era y seguía siendo la única. Ahora es completamente distinto. Tienes todo lo que en cualquier momento he podido amar en una mujer; mejor dicho, no lo tienes: lo eres. De tus rasgos emanan todo lo que hace de la mujer una protectora, una madre, una puta. Cada cosa la transformas en otra y a cada una le das mil formas. [...]

(*Gesammelte Schriften*, VI).

Le dedicó también un soneto que decía:

A [B.]
como tu cuerpo dura tu palabra
tu aliento sabe a piedra y a metal
tu mirar rueda a mí como un balón
y tu silencio es tu ocio mejor

tal como al primer hombre la primera
mujer a mí llegaste y por doquiera
te alcanza el eco de mi ruego y dice
en mil lenguas: permanece aquí

eres la desconocida y no llamada
que mora en mí el corazón en calma
donde sueño o nostalgia no cautivan

voluntad o intención no comparecen
desde que en tu mirada reconocen
tu señorío dual: puta y sibila.

En las puertas de la caverna de la Sibila de Cumas, como se lee en el canto VI de *La Eneida*, se hallan inscritas la imagen del laberinto de Creta y su historia. Ahora que había descendido al mundo arcaico, Benjamin reencontró el laberinto de los relatos primordiales y en una *sola* mujer a la protectora y a la madre, a la puta y a la Sibila. Muy cercano a esos años de Ibiza, en 1936, Jackson Night había demostrado en *Las puertas de Cumas. Referencia a los ritos iniciáticos en la Eneida, VI*, que el laberinto estaba homologado a la tierra-madre y que penetrar en un laberinto o una caverna equivalía a un retorno místico a la Madre, en cierto modo un *regressus ad uterum*. La prostituta en el laberinto de las ciudades desplaza en la modernidad el arcano místico. En el tiempo del *ahora*, Benjamin era absolutamente moderno: había aprendido de Baudelaire a cruzar lo transitorio y lo eterno y también en sus relatos, que sostenían los arcanos de la experiencia cuando lo aurático se desvanecía. Philippe Ivernel afirmó que en los relatos de Benjamin el *flâneur*-viajero se hallaba en los umbrales de la modernidad y que la palabra misma vagaba y viajaba en esos textos: "Esta circulación sin fin –los relatos de Benjamin se interrumpen, no finalizan– pasa por encrucijadas obligadas, pero no sin cambiar de sentido en cada pasaje: evoca al laberinto, al cual Benjamin se refiere tan a menudo en sus estudios sobre Baudelaire, y que define como 'la patria de la hesitación'". En ese nacido bajo el signo de Saturno, el vacilante y lento habitante de aquel lugar fuera del tiempo, retornaba, como en la juventud, el deseo de narrar y a la vez la narración del deseo. Había reencontrado el hilo de Ariadna, entró en las sucesivas galerías de los relatos que multiplicaban las salidas falsas y las encrucijadas del laberinto. Pero esta vez ni siquiera la Sibila permaneció allí: "*Einmal ist keinmal*" ("Una vez no es ninguna"). El Minotauro esperaba hasta el día del fin. También eso lo sabía Walter Benjamin y así lo escribió en su ensayo sobre la narración: "La muerte es la sanción de todo lo que el narrador puede referir"; pero además: "el narrador es la figura en la que el justo se encuentra consigo mismo".

CRITERIOS DE LA EDICIÓN

Menos que un conjunto de textos de géneros reconocibles (escritos teóricos, filosóficos o histórico-políticos, ensayos de estética y de crítica literaria o cultural, correspondencia, reseñas, crónicas de viaje, diarios personales y textos autobiográficos, vastas monografías inconclusas, entre otros), la obra de Walter Benjamin es una *escritura* que a menudo hay que reconstruir y, en cierto modo, fijar en su fragmentarismo y dispersión. Tarea que, sin embargo, corre el grave riesgo de malversar esa misma fuerza indecidible y extemporánea que tal escritura posee. "No soy el único en haber notado que, en efecto, los jóvenes marxistas [de los años setenta] 'citan a Benjamin como la Santa Escritura'. Sus frases tienen muy a menudo la aureola autoritaria de la palabra revelada", señaló Scholem irónicamente en "Benjamin y su Ángel" (1972). No es menos irónico advertir que esa escritura obliga, como la sagrada, a crearle una disposición, una legibilidad, un modo de ser transmitida y traducida. Así ocurre con las narraciones de Walter Benjamin, que nunca compiló aunque publicó algunas y que, en su totalidad, alcanzan un número suficiente como para ser reunidas en un volumen. Con este nos propusimos dar a conocer el conjunto más completo de esos relatos que pudimos reunir, a la vista de los siete volúmenes de los *Gesammelte Schriften*, (Frankfurt am-Main, Suhrkamp Verlag, 1974-1989), bajo la dirección de Rolf Tiedemann y de Hermann Schweppenhäuser. Todas las referencias de las notas corresponden a esta edición, cuando no se indique lo contrario.

Con excepción de los relatos publicados por el propio Benjamin en revistas y periódicos, muchas veces por acuciantes necesidades económicas a partir de 1933, no se conocieron esos textos hasta varias décadas después de su escritura. Al comienzo, Theodor W. Adorno administraba el archivo póstumo de Walter Benjamin en Frankfurt am-Main, secundado por Gershom Scholem, y ambos dieron a conocer cierta parte de la obra (por ejemplo, los dos tomos de *Schriften* en 1955 y las *Illuminationen*, en 1961, a cargo de Adorno; la publicación del *Moskau Tagebuch* [*Diario de Moscú*] por Scholem, en 1980; la primera edición conjunta, aunque incompleta, de la correspondencia, en 1966). A la muerte de Adorno, se constituyó un grupo de investigadores que inició el gran y definitivo trabajo de archivo de los *Gesammelte Schriften*, a lo largo de quince años, entre 1974 y 1989. Así, las ediciones de volúmenes individuales que no fueron previstos por el autor –como sí lo hizo, por ejemplo, con *El concepto de crítica de arte en el romanticismo alemán, Calle de mano única, Personajes alemanes* o *Infancia en Berlín hacia 1900*– fueron tomados de las agrupaciones realizadas por los sucesivos editores, desde Adorno a los responsables de los *Gesammelte Schriften* –cuyo conocimiento directo de la obra de Benjamin, su aparato crítico y los criterios editoriales elegidos suelen ser muy estimados para casi todas las ediciones traducidas. Sin embargo, en la edición italiana de los escritos de Benjamin, al cuidado de Giorgio Agamben, no se avaló ese criterio y los textos se publican cronológicamente, con una atendible advertencia: "Los escritos de Benjamin, que los editores alemanes han reagrupado según un criterio sistemático no siempre reconocible, aquí se hallan dispuestos (en la medida de lo posible) en orden cronológico. Hemos considerado que, para un autor como Benjamin, cuya interpretación plantea numerosos problemas que siguen dando lugar a polémicas, la posibilidad de leer la obra en orden cronológico constituye una base crítica indispensable", escribe Agamben ("Criteri dell'edizione", *Scritti 1928-1929*, Torino, Giulio Einaudi, 1993). En cambio la más reciente edición al español de las obras reunidas de Benjamin que emprendió en España Abada Editores –al cuidado de Juan Barja, Félix Duque y Fernando Guerrero– sigue exactamente el orden y el índice de la edición alemana.

Asimismo, en varios casos, los textos de Benjamin editados individualmente en español siguieron el modelo de su edición en Francia que, a la vez, también adoptó los criterios de los editores de los *Gesammelte Schriften*. Por ejemplo, el agrupamiento de los "Escritos autobiográficos" y todo su aparato de notas tomados de los *Gesammelte Schriften*, VI, se traduce en 1990 al francés (*Écrits autobiographiques*. Texte français de Christophe Jouanlanne et Jean-François Poirier. Paris, Christian Bourgois) y del mismo modo al español en 1996 (*Escritos autobiográficos*. Introducción de Concha Fernández Martorell. Traducción de Teresa Rocha Barco. Madrid, Alianza). Así también se siguió el criterio del editor del volumen IV de los *Gesammelte Schriften*, Tillman Rexroth, al agrupar en una única sección las narraciones de Benjamin bajo el título "*Geshischte und Novelistischen*" ("Historias y relatos"). Tal como los dispuso Rexroth, esos relatos aparecieron en Francia en un pequeño volumen bajo el nombre *Rastelli raconte... et autres récits* (Paris, Seuil, 1987) con un agudo prefacio de Philippe Invernel y una notable traducción del poeta Philippe Jaccottet –acompañados al final por el ensayo "El narrador" (*Der Erzähler*, 1938). En España se publicó la misma serie respetando el nombre neutro de la edición alemana: *Historias y relatos* (Traducción de Gonzalo Hernández Ortega. Barcelona, Península, 1991). Se publicaron reediciones de esa misma versión, hasta la nueva traducción que se halla en la publicación de las obras reunidas al español, que de nuevo repite el título y la agrupación del editor Tillman Rexroth: *Historias y relatos* (en *Obras*, libro IV, v. 2. Traducción de Jorge Navarro Pérez. Madrid, Abada editores, 2010.) ya que prosigue la ordenación original alemana libro a libro, pero suelen prescindir de las notas y de los textos de Benjamin allí agregados. Los editores de *Gesammelte Schriften*, VI, Rolf Tiedemann y Hermann Schweppenhäuser, recuperaron, sin embargo, unos pocos relatos más, no incluidos por el editor del volumen IV –en consecuencia, por ninguno de los editores de *Historias y relatos* que siguieron su ordenamiento y que, como se consigna más adelante, debe ser modificado. Además, transcribieron en las notas todos los relatos que se conservan de los que Benjamin pudo escribir en sus años de estudiante, entre 1906 y 1913, junto al fragmento de otro, de 1928, "La sirena". En el primer volumen de la edición más reciente de las obras completas de Benjamin en italiano, con escritos de 1906-1922, se incluyen en orden cronológico: "El dios Pan al anochecer", "Schiller y Goethe", "El hipocondríaco en el paisaje", "El avión", "Historia silencio-sa" y "La muerte del padre" (*Opere Complete*. I: *Scritti 1906-1922*. A cura di Enrico Ganni. Torino, Giulio Einaudi, 2008). Existe asimismo una edición en lengua inglesa de los tempranos textos de Benjamin, en orden cronológico, escritos entre 1910 y 1917, en la cual se incluyen, además de "La muerte del padre", "El dios Pan al anochecer", "Historia silenciosa" y "El avión" (*Early Writings 1910-1917*. Translated by Howard Eiland and Others. Cambridge & London, The Belknap Press of Harvard University Press, 2011).

Si bien algunos fragmentos de los diarios de viaje o muchos capítulos de *Infancia en Berlín hacia 1900* tienen un tono narrativo similar, los relatos de Benjamin recuperados son los que el autor decidió escribir con un deliberado carácter narrativo que responde, además, a sus teorizaciones sobre la figura del narrador o contador de historias (*Der Erzähler*). En el mismo período de su estancia en Ibiza coexistieron, además de la voluntad de escribir textos francamente narrativos, los intentos de componer textos más afines a las formas de representación de *Calle de dirección única,* de carácter más reflexivo, y que se compilan en *Denkbiler*, como la llamada "Serie de Ibiza" (*Ibizenkische Folge*) –publicada en el *Frankfurter Zeitung* el 4 de junio de 1932. Al respecto, Benjamin le escribe a Scholem, el 10 de mayo de ese año: "terminaré muy pronto una serie de 'Historias de Ibiza', una colección que, aunque no sea de gran valor, está limpia al menos de todas esas habituales impresiones y resúmenes de viaje". Benjamin advertía que había una zona ambigua del relato entre las narraciones y los *Denkbilder*, porque ambos, siquiera parcialmente, provenían de sus diarios de viaje. Una reciente edición francesa, bajo el título *No olvides lo mejor y otras historias y relatos*, combina los textos de "Historias desde la soledad", "Cuatro historias" y "Puntualidad al minuto" –que suelen publicarse en *Historias y relatos*–, con los de la "Serie de Ibiza" o de "Autorretratos del soñador" y otros textos –que suelen agruparse en *Denkbilder*– (*N'oublie pas le meilleur et autres histoires et récits*. Traduit, présenté et annoté par Mark de Launay. Paris, L'Herne, 2012). Esos textos que Benjamin compuso en Ibiza –"Serie de Ibiza", "Al sol", "Autorretratos del soñador", "La revelación del conejo de Pascuas", acaso "Una vez no es ninguna" y "Otra vez"– se publicaron en: Walter Benjamin, *Denkbilder. Epifanías en viajes*. Prólogo y selección de Adriana Mancini. Traducción de Susana Meyer. Buenos Aires, El cuenco de plata, 2011).

Nuestra edición reúne por primera vez, en un solo volumen, no sólo los relatos que habitualmente se publicaron en las ediciones consignadas (*Rastelli raconte... o Historias y relatos*) sino también los textos agregados en el volumen VI de *Gesammelte Schriften*, incluyendo los primerizos relatos inconclusos. Pero además se agregan las dos versiones del enigmático texto "Agesilaus Santander", que no sólo Benjamin escribió durante su estancia en Ibiza –cuando compuso muchos de los relatos aquí incluidos–, sino también porque su ambiguo carácter de autobiografía ficcional ilumina aspectos de la narrativa, como analizamos en el prólogo. Es probable –puesto que tratándose de Benjamin nunca se sabe si no hay algún texto por descubrir o alguna edición reciente o remota por compulsar– que con este volumen el lector tenga la colección más completa hasta la fecha de las narraciones ficcionales de Walter Benjamin –para no usar, dada su particular teoría del narrador o su uso de *Novelle*, el término convencional de "cuentos".

Para la organización de este volumen adoptamos un criterio particular que, por un lado, respeta parcialmente la habitual colección de las *Historias y relatos* y, por otro, los sitúa en otra serie que incorpora el resto de las narraciones y que considera, además, cierta dimensión ficcional. Así, los dos primeros textos ("Historia silenciosa" y "La muerte del padre"), compuestos en la juventud de Benjamin, están "dedicados", respectivamente, a la figura materna y a la paterna. Con "La muerte del padre" se inicia siempre la colección de *Historias y relatos*, aunque es el único texto de la serie que no fue escrito entre 1929 y 1935. Por esa razón lo situamos en la continuidad de la serie pero, a la vez, sin integrarla: aquí la sección *Historias y relatos* no se inicia con "La muerte del padre", que la precede, sino con "El palacio D...y". Pero tampoco cerramos la serie como es habitual en todas las ediciones que siguen el ordenamiento del tomo IV realizado por el editor Tillman Rexroth. Puesto que Benjamin nunca ordenó un tomo de relatos, el criterio que se sigue es cronológico y, en consecuencia, el relato titulado "Rimas escritas en el polvo móvil"

("*Dem Staub, dem beweglichen, eingezeichnet*") debe situarse *después* de "El palacio D…y" (*Palais D…y*). Los propios editores del tomo VII, Tiedemann y Schweppenhäuser, rectifican el orden del tomo IV: confirman que ese relato fue finalizado en el otoño de 1929 y, en consecuencia, que: "'*Dem Staub, dem beweglichen, eingezeichnet*' debe ser reordenado en la página 729 del tomo IV [en lugar de la página 780], después del relato '*Palais D…y*'").

A esa sección, se agregan cuatro relatos breves –que hoy se denominarían "microrrelatos"– que agrupamos bajo el título de "Parábolas" como una denominación irónica, dado el contenido de los textos, evocadora de las breves narraciones de la tradición judía y, a la vez, de las parábolas kafkianas. Sigue a ellos la serie de textos que agrupamos bajo el título "Tentativas" porque reúne todos los relatos iniciales de Benjamin que pudieron conservarse –además de "Historia silenciosa" y "La muerte del padre"–, junto con el fragmento llamado "La sirena", que data de alguna de las estancias del autor en Ibiza. Finalmente, esta colección se cierra con las dos versiones de "Agesilaus Santander".

En las notas al pie de cada texto incluimos parte de los datos que se ofrecen en el aparato crítico de *Gesammelte Schriften* y agregamos otros que consideramos de interés: la fecha posible de composición del texto y, cuando ocurrió, la referencia de su publicación, su origen o su repetición respecto de otros escritos de Benjamin, las menciones en la correspondencia, referencias documentales o bibliográficas, etcétera.

Hemos titulado esta colección de narraciones *Historias desde la soledad* (*Geschichten aus Einsamkeit*), porque es el único título autónomo que utilizó Walter Benjamin para agrupar tres breves relatos y porque, asimismo, el autor usa una expresión similar en uno de los fragmentos de "España 1932", que comienza con la frase: "Historia de la soledad (*Geschicthe der Einsamkeit*): '¿Cuánta tierra necesita un hombre para vivir?', se pregunta Tolstoi en uno sus relatos populares. Los anacoretas han dado la respuesta: su vida confinada en la más pequeña parcela de tierra se ha extendido al mundo entero".

J. M.

HISTORIAS DESDE LA SOLEDAD
Y OTRAS NARRACIONES

HISTORIA SILENCIOSA[1]
CONTADA EN OCASIÓN DEL CUMPLEAÑOS DE MI MADRE

Un tren rápido cruzaba un paisaje lluvioso. En un vagón de la tercera clase viajaba un estudiante; venía de Suiza, donde había pasado un par de días caros y lluviosos. Con tierna indulgencia dejaba descansar sus sentimientos, buscando sugerirse un suave tedio. En el compartimento amarillo había un señor mayor, además de una dama de unos sesenta años. El estudiante la miró inescrupulosamente durante un minuto, luego se levantó y caminó lento por el pasillo. Mirando a través de los cristales de los compartimentos vio a una estudiante de su universidad, de la que estaba enamorado, hasta ahora en silencio, como solía hacerlo en el primer estadio de estos asuntos. Al verla no pudo abstenerse de sentir que era de lo más natural. Con el sentimiento de una persona que ha actuado correctamente, volvió a sentarse en su compartimento.

A eso de las 9:30 de la noche, el tren llegó a la ciudad universitaria. El estudiante bajó sin mirar a los costados. Poco después, al ver a la estudiante arrastrando una maleta negra delante de él, aceptó la situación como una obviedad. El recuerdo de los lluviosos días suizos se esfumó.

En la estación no se esforzó por perseguir a la estudiante de la que estaba enamorado ("a fin de cuentas, enamorado", se dijo). Era evidente que con esa maleta esperaría el tranvía frente a la estación. Y allí estaba, de hecho, junto a otros pocos viajeros. Caía una fina lluvia. Llegó el tranvía, no su línea, según notó, aunque nada más desagradable que esperar bajo la lluvia. La muchacha subió adelante y el conductor acomodó su pesada maleta. El oscuro bulto tenía algo fascinante. Se destacaba fantasmagóricamente sobre la plataforma. El vehículo se puso en movimiento y el estudiante subió a la plataforma delantera.

Eran los únicos dos. La lluvia le pegaba en la cara, intolerablemente. Ella estaba junto a su maleta, envuelta en un grueso abrigo de viaje que la hacía verse horrible, como una monstruosa manta a cuadros. El vehículo andaba rápido, no subía mucha gente. Viajó hasta el barrió más alejado, ya casi de suburbio. Un enojo fue lloviendo sobre el estudiante, fino como las húmedas nubes. Lentamente el enojo pasó a furia. Se despertó en él un odio contra la dirección que había llevado a ese tranvía hacia una zona alejada. Odio contra esas calles oscuras con ventanas iluminadas. Ardoroso, patético odio contra el clima lluvioso, impertinente e inapropiado. Se envolvió en su tapado y decidió no hablar, ni una palabra, pues no era esclavo de esa mujer en la inmensa gabardina. ¡No y no!

El vehículo iba muy rápido. Lo embargó un sentimiento de omnipotencia y planeó escribir un poema.

Luego no pensó en nada más que: quiero ver hasta dónde sigue viajando.

Dos minutos más tarde el coche se detuvo. La dama descendió y el conductor tomó la maleta. En ese momento despertó la furia celosa del muchacho. Le arrancó la maleta sin decir palabra, bajó y la siguió. Había caminado tras ella unos cien pasos cuando, a un gesto elástico de su cabeza, quiso dirigirle un par de palabras sobre la hora y el clima, como disculpándose.

En ese momento vio que la chica se detenía frente a una puerta, oyó que metía la llave en la cerradura, vio un corredor oscuro y apenas si tuvo tiempo de entregarle la maleta con un inaudible "buenas noches". La puerta se cerró. Escuchó cómo giraban la llave por dentro. Partió de allí con paso erguido en la lluviosa oscuridad, las manos hundidas en los bolsillos del tapado y la cabeza ocupada con una sola palabra: "Maletero".

LA MUERTE DEL PADRE[2]

Durante el viaje evitó darle sentido al telegrama: "Ven enseguida. Empeoró". Por la tarde había dejado la Riviera, con mal tiempo. Los recuerdos lo rodeaban como la luz matinal a un bebedor trasnochado: con dulzura y humillación. Indignado escuchó los ruidos de la ciudad, a la que llegó al mediodía. Estar ofendido le parecía la única respuesta posible ante el fastidio que le causaba el lugar donde nació. Pero todavía sentía el gorjeo voluptuoso de las horas que había pasado con una mujer casada.

Ahí estaba su hermano. Y mientras un golpe eléctrico bajaba por sus caderas, odió al enlutado, que lo saludaba rápido y con mirada melancólica. Un auto los esperaba. El viaje fue trepidante. Otto balbuceó alguna pregunta, pero aún lo arrebataba el recuerdo de un beso.

Sobre la escalera de la casa surgió, de pronto, la criada y cuando ella le tomó su pesada maleta, se desplomó agotado. Aún no había visto a su madre, pero su padre vivía. Allí estaba, sentado junto a la ventana, abotagado en su sillón... Otto se acercó y le dio la mano. "¿Ya no me das un beso, Otto?", musitó el padre. El hijo se arrojó sobre él y luego se apartó, corriendo al balcón, y allí gritó hacia la calle. Cuando se cansó de llorar, recordó, como en sueños, su escuela, los años en el comercio, el viaje hacia América.

–Señor Martin.

Guardó silencio, avergonzado de que su padre aún viviera. Sollozó de nuevo y la muchacha le puso una mano sobre el hombro. La miró, mecánicamente: una persona sana y rubia, refutación del enfermo que antes había tocado. Se sintió en casa.

La biblioteca que Otto visitó durante las dos semanas de su estadía estaba en el barrio más concurrido de la ciudad. Todas las mañanas trabajaba durante tres horas en la tesis con la cual obtendría el título de Doctor en Economía Política. Retornaba por las tardes, para estudiar las revistas de arte ilustradas. Amaba el arte y le dedicaba mucho tiempo. En esas salas no estaba solo. Se llevaba bien con el respetable empleado que prestaba y recibía los libros. Cuando levantaba la mirada del volumen, con el ceño fruncido y la mente en blanco, no pocas veces advertía alguna cara conocida de la escuela secundaria.

Le hizo bien la soledad de esos días nunca ociosos, luego de las últimas semanas pasadas en la Riviera, donde había puesto cada una de sus fibras al servicio de una mujer apasionada. Por las noches, en la cama, buscaba recordar las peculiaridades del cuerpo amado, o le gustaba enviarle, en bellas oleadas, su adormecida voluptuosidad. Rara vez pensaba en ella. Si en el tranvía se sentaba frente a una mujer, tensaba elocuentemente las cejas con expresión vacía, ese gesto mediante el cual rogaba por una soledad inaccesible para disfrutar de la dulce pereza.

El quehacer de la casa giraba constantemente en torno al moribundo, pero él no se hacía problemas. Una mañana lo despertaron más temprano que de costumbre y lo llevaron frente al cadáver de su padre. La habitación estaba iluminada. Su madre yacía desmoronada junto a la cama. El hijo sentía en cambio tanta fuerza que la agarró del brazo y le dijo con voz firme: "Levántate, madre". Ese día fue a la biblioteca, como siempre. Su mirada, cuando rozaba a las mujeres, estaba aún más vacía y firme que de costumbre. Cuando subió a la plataforma del tranvía, apretó contra su cuerpo la carpeta que contenía algunas hojas de su escrito.

A partir de ese día, sin embargo, trabajó con mayores inseguridades. Notó deficiencias, y empezaron a preocuparle problemas de fondo que hasta ahora había pasado prolijamente por alto. Pedía libros sin medida ni propósito. Rodeado de pilas de revistas, las examinaba con absurda meticulosidad en busca de los datos más intrascendentes. Pero si interrumpía la lectura, nunca dejaba de sentirse como una persona a la que la ropa le quedaba demasiado grande. Al arrojar tierra en la fosa de su padre, entendió la relación entre la oración fúnebre, la interminable fila de conocidos y su propio vacío mental. "Esto ocurrió así muchas veces. Es tan típico" Al alejarse de la tumba junto a la multitud de luto, el dolor de su alma se había convertido como en una cosa que uno se lleva consigo, mientras que su rostro parecía haberse ensanchado por la indiferencia. Las conversaciones en voz baja que mantenían la madre y el hermano cuando se sentaron los tres a la mesa lo irritaban. La muchacha rubia trajo la sopa. Otto alzó con despreocupación la cabeza y la miró a los ojos, marrones y perplejos.

Así fue que a menudo Otto embelleció de este modo la angustia mezquina de esos días de duelo. Una vez besó a la muchacha, de noche, en el pasillo. La madre recibía siempre palabras tiernas cuando estaba a solas con él, aunque por lo general discutía de negocios con el hermano mayor.

Al volver un mediodía de la biblioteca se le ocurrió irse. ¿Qué tenía para hacer aquí? Debía seguir estudiando.

Se encontró solo en su casa y fue al escritorio de su padre, como era su costumbre. Sobre aquel diván había padecido el difunto sus últimas horas. Las persianas estaban bajas, por el calor, y el cielo asomaba entre las ranuras. La criada entró y puso anémonas sobre el escritorio. Otto estaba de pie contra el diván, y cuando ella pasó a su lado la atrajo silenciosamente. Como se apretó contra él, se recostaron juntos. Después de un rato ella lo besó y se puso de pie, sin que él la detuviera.

Se fue dos días más tarde. Dejó la casa temprano. Junto a él caminaba la muchacha, llevando la maleta, y Otto le contaba acerca de la ciudad universitaria y el estudio. Pero al despedirse sólo le dio la mano, pues había mucha gente en la estación. "¿Qué diría mi padre?", pensó mientras se reclinaba en su asiento y expulsaba de su cuerpo, con un bostezo, los últimos restos del sueño.

HISTORIAS Y RELATOS

EL PALACIO D...Y[3]

Si entre 1875 y 1885 el Barón X llamaba la atención en el *Café de Paris*, y si después del conde de Caylus, el mariscal Fécamts y el caballero Raymond Grivier se lo contaba entre los extranjeros distinguidos, esto no se debía a su elegancia, su alcurnia o sus logros deportivos, sino que era simple reconocimiento o incluso admiración por la fidelidad que le había guardado al establecimiento durante tantos años. Una fidelidad que más tarde reservaría, de manera igualmente conmovedora, a algo por completo distinto y muy poco común. De eso trata esta historia.

Comienza, en rigor, con la herencia que durante treinta años le correspondía recibir al Barón y siempre estaba a punto de recibir, hasta que finalmente la recibió en septiembre de 1884. Por ese entonces, hacía tiempo que el heredero, que no estaba lejos de cumplir los cincuenta, había dejado de ser un *viveur*. ¿Lo había sido alguna vez? A veces surgía esa pregunta. Si alguno sostenía que nunca se había topado con el nombre del Barón en las *chronique scandaleuse* de París, ni había escuchado una alusión a su persona en boca de los más inescrupulosos frecuentadores de clubs o de las *cocottes* más presumidas, tampoco se podía negar que el Barón, con sus pantalones a cuadros y su abombado corbatón Lavalliere, era más que un *mero* personaje elegante; las arrugas de su rostro delataban al que sabe de mujeres y ha pagado por su erudición. El Barón nunca había dejado de ser un enigma, pues, y ver en sus manos esta gran herencia, tanto tiempo esperada, despertó en sus amigos, amén de una simpatía carente de envidia, la curiosidad más discreta y maliciosa. Lo que no había conseguido ninguna charla de ocasión junto al hogar, ninguna botella de borgoña (alzar el velo que cubría esa vida), ahora creían poder esperarlo de la repentina riqueza.

Pero tras dos, tres meses todos estuvieron de acuerdo: la decepción no podría haber sido más profunda. Nada, ni sombra de cambios en el vestir del Barón, en su humor, su agenda, ni siquiera su presupuesto o su alojamiento. Seguía siendo el distinguido holgazán cuyo tiempo le parecía tan repleto como al pequeño oficinista. Al salir del Club lo seguía acogiendo el bulín de la Avenue Victor Hugo, y nunca despachaba con excusas a los amigos que querían acompañarlo hasta su casa por las noches. Ocurría, en efecto, que hasta las cinco de la mañana y más tarde aún, el dueño de casa llevara la banca frente a una mesa verde, ubicaba en el lugar de la sala de visitas donde alguna vez había estado un magnífico armario chippendale. El Barón solía tener suerte en el juego, como se sabía de las pocas veces en que se había acercado a una mesa con anterioridad. Pero ahora ni los jugadores más veteranos podían recordar haber vivido rachas de suerte como las que trajo el invierno de 1884. Se mantuvieron durante toda la primavera, y lo mismo cuando el verano se derramó con sus ríos de sombras sobre los bulevares. ¿Cómo es que en septiembre el Barón era un hombre pobre? Pobre no, pero igual de fluctuante e indefinible entre pobre y rico como antes, aunque más pobre en cuanto a la esperanza de una gran herencia. Cuestión que empezó a economizar, y a visitar el Club sólo para tomar una taza de té o jugar una partida de ajedrez. Nadie se atrevió a hacer preguntas. Qué cosa podía parecer cuestionable en una existencia que transcurría en un marco reducido y elegante a la vista de todos, desde el paseo a caballo al amanecer, la hora de esgrima y el almuerzo hasta la campanada de las seis menos cuarto, cuando dejaba el *Café de Paris* para, dos horas más tarde, cenar acompañado en lo de Delaborde. En el intervalo no tocaba ni un naipe. Y sin embargo estas dos horas del día le costaron toda su fortuna.

Cómo ocurrió esto es algo que en París sólo se supo años más tarde, cuando el Barón se había retirado vaya uno a saber dónde (¿qué importancia podría tener aquí el nombre de algún apartado señorío en Lituania?). Cierta mañana lluviosa, uno de sus amigos, deambulando de lo más distraído, se estremeció atónito ante una visión o una ocurrencia, ni él supo bien distinguirlas en un primer momento. En realidad fueron ambas cosas, pues el monstruo que bajaba balanceándose sobre los hombros de tres transportistas por la escalinata del Palacio D...y era aquel costoso mueble chippendale que algún día le había hecho sitio a la mesa de la suerte. El armario era magnífico e inconfundible. Pero el amigo no lo reconoció sólo por eso. Así, balanceándose y con los amplios hombros estremecidos, había aparecido una última vez la inmensa espalda de su dueño para quienes lo habían ido a despedir al andén, antes de desparecer nuevamente. El extraño subió corriendo los bajos escalones por el costado de los cargadores, entró por el portal abierto y casi mareado se quedó de pie en la gigantesca antecámara vacía. Frente a él se alzaba la espiral de una escalera hacia el primer piso, cuya rampa maciza no era otra cosa que un único, ininterrumpido relieve de mármol: faunos, ninfas; ninfas, sátiros; sátiros, faunos. El recién llegado se serenó y pasó a registrar las galerías, las filas de habitaciones. En todas partes fue recibido por paredes vacías. Ningún rastro de habitantes, salvo por un cuarto de tocador, también abandonado pero ricamente recubierto, lleno de pieles y almohadones, dioses de jade y recipientes con incienso, jarrones suntuosos y tapices gobelinos. Todo recubierto por una ligera capa de polvo. El umbral no tenía nada invitador, y el extraño ya quería retomar la búsqueda, cuando detrás de él se dispuso a entrar en el cuarto una muchacha bella y aún joven, una criada a juzgar por su ropa. Ella, la única familiarizada con lo que había ocurrido aquí, contó:

Había pasado un año desde que el Barón le alquilara este palacio a su dueño, un duque montenegrino, por una renta inconcebiblemente alta. El mismo día en que se firmó el contrato, ella había tenido que asumir sus funciones, que durante dos semanas consistieron en supervisar a los trabajadores y recibir a los proveedores. A eso le siguieron instrucciones nuevas, escasas pero rigurosas, referidas en su mayor parte al cuidado de las flores, cuyo aroma aún podía sentirse en la habitación ante la cual estaban ahora. Sólo una orden, la última, se refería a otra cosa, y justamente esa parecía ligar a la muchacha con una remuneración como de cuento de hadas, que ahora le estaba prometido recibir. "Todos los días a las seis, ni un minuto antes ni uno después –continuó la muchacha–, el Barón aparecía ante la escalinata, para luego ascender lentamente hasta el portal. Nunca llegaba sin un gran ramo de flores." Lo que resultaba indescifrable era en qué orden se presentaban las orquídeas, lilas, azaleas, crisantemos, y en qué relación con la época del año. Tocaba el timbre. Se abría la puerta. La abría la criada, precisamente aquella por la que sabemos todas estas cosas, para recibir las flores y la pregunta, que constituía la clave de su discretísimo servicio:

–¿Se encuentra la señora en casa?

–Lo lamento –le respondía la criada–, la señora acaba de irse.

Meditabundo emprendía el amante el regreso, para al día siguiente volver a cumplimentar su visita en el palacio abandonado.

Así se supo cómo la riqueza, que con tanta frecuencia sirve al infame fin de encender ardores ajenos, por esta sola vez atizó el de su dueño hasta las últimas llamas.

"RIMAS TRAZADAS EN EL POLVO MÓVIL"[4]

Ahí estaba. Siempre estaba sentado ahí a esta hora. Pero no así. Solía mirar hacia delante y a lo lejos, inmóvil, mientras que hoy tenía la mirada perdida. Y sin embargo no parecía hacer diferencia, pues tampoco en este caso estaba mirando. El bastón de caoba con el puño plateado no estaba apoyado junto a él sobre el borde del banco, como de costumbre. Lo tenía agarrado, lo dirigía. Se deslizó sobre la arena: "O" y pensé en una fruta, "L" y me detuve, "I" y me avergoncé como ante algo prohibido. Pues vi que escribía no como alguien que quiere ser leído, sino que los signos se enlazaban unos con otros, como si quisieran ingerirse mutuamente. Y así siguieron, casi en el mismo lugar de los anteriores: "M" "P" "I" "A"; el primero ya empezaba a desaparecer bajo varios trazos cuando surgieron los últimos. Me acerqué. Tampoco eso le hizo levantar la vista (¿o debo decir despertar?), tan acostumbrado estaba a mí. "¿De vuelta calculando?", pregunté, sin que se me notase nada. Pues sabía que su ocio estaba dedicado a presupuestar viajes lejanos, que se extendían hasta Samarcanda o Islandia, pero que nunca llevaba a cabo. ¿Había salido alguna vez al extranjero? Descontando por supuesto ese viaje secreto que había hecho para quitarse de la memoria un loco amor de juventud, indigno y vergonzoso según se decía, el de Olimpia, cuyo nombre acababa de inscribir distraídamente.

"Pienso en mi calle. O en ti, si quieres. Pues es lo mismo. La calle donde una palabra tuya cobró tanta vida como ninguna que hubiera escuchado antes o haya escuchado desde entonces. Es lo que me dijiste alguna vez en Travemünde: que todo viaje de aventuras, para que realmente se lo pueda contar, debe devanarse en torno de una mujer, al menos de un nombre de mujer. Pues ese sería el sostén que precisa el hilo rojo de lo vivido para pasar de una mano a la otra. Tenías razón, pero subiendo por aquella calurosa calle no podía prever aún de qué manera más peculiar, ni por qué hacía ya un par de segundos que mis propios pasos sobre el resonante callejón abandonado parecían llamarme como con una voz. Las casas alrededor tenían poco en común con aquellas que habían hecho famosa esta pequeña ciudad del sur de Italia. Ni tan viejas como para estar desmoronadas ni tan nuevas como para resultar atractivas, constituían una colección de los humores surgidos del limbo de la arquitectura. Los postigos cerrados subrayaban la obstinación de las fachadas grises, mientras que la gloria del sur parecía haberse mudado a las sombras amontonadas bajo los puntales antisísmicos y los arcos de los callejones secundarios. Cada paso que hacía me alejaba de aquello por lo que había venido; la pinacoteca y la catedral ya habían quedado atrás. Igual no habría tenido fuerzas para cambiar de dirección, ni siquiera si me hubiera faltado material para nuevas ensoñaciones, como el que me ofrecía ahora la visión de los brazos de madera rojiza, como de candelabro, que sobresalían a intervalos regulares desde los muros a ambos lados. Material para ensoñaciones, digo, porque no los entendía. Ni siquiera intenté explicarme cómo era que esos restos de un tipo de iluminación tan arcaica habían logrado perdurar en esa ciudad de montaña pobre, pero con canalizaciones y electricidad. Por eso me pareció normal toparme un par de pasos más adelante con pañoletas, cortinas, bufandas y pequeñas alfombras que parecían haber sido lavadas ahí por la zona hacía un momento. Un par de arrugados faroles de papel ante cristales empañados completaba en estas casas la imagen de una economía doméstica patética y sórdida. Ahora me hubiera gustado preguntarle a alguien cómo se podía volver a la ciudad por otro camino. Estaba harto de esa calle, y no en menor medida por el hecho de que no había un alma. Precisamente por eso tuve que abandonar mi intención y, casi humillado como por un yugo, volver como había venido. Decidido a resarcirme por el tiempo perdido, y también para pagar por lo que me parecía una derrota, renuncié al almuerzo y, lo que era más amargo, a la siesta, y tras andar brevemente por escaleras empinadas llegué a la plaza de la catedral.

"Lo que antes me rodeaba como un opresivo vacío humano, aquí fue una soledad liberadora. Mi humor cambió al instante. Nada me habría resultado más inoportuno que ser interpelado, o siquiera observado. De golpe me habían devuelto mi destino de viaje, la aventura solitaria, y otra vez tuve ante mí el momento en que, arriba del *Marina Grande*, no lejos de Ravello, la descubrí por primera vez, transido por el dolor. También ahora era una montaña lo que me rodeaba, aunque la peña rocosa con la que Ravello cae en el mar era aquí el flanco marmóreo de la catedral, sobre cuya pendiente nevada los numerosos santos de piedra parecían peregrinar hacia nosotros, los hombres. Siguiendo la procesión con la mirada vi que los cimientos del edificio evidenciaban una grieta en profundidad: habían excavado un pasillo, que tras varios escalones en ángulo recto chocaba bajo la tierra con una puerta de bronce mal cerrada. Ignoro por qué me colé por esta puerta lateral subterránea; tal vez fue sólo el miedo que con frecuencia nos invade cuando entramos en uno de esos sitios mil veces reproducidos y descriptos, y que yo busqué evitar mediante un rodeo. Pero si creía haber entrado en lo oscuro de una cripta, mi esnobismo sufrió su castigo. No sólo que esta habitación era la sacristía, blanqueada a la cal y enceguecedoramente iluminada por las ventanas superiores; a eso se sumaba que estaba llena de un grupo de turistas, al que el sacristán se disponía a recitarle por centésima o milésima vez una de esas historias en cuyas palabras resuena el eco de las monedas de cobre que embolsó por ella cien y mil veces. Ahí estaba parado, orondo y corpulento, junto al pedestal en el que se concentraba la atención de sus oyentes. Sujetado a él con grapas de hierro había un capitel de estilo gótico temprano, a todas luces antiguo, aunque extraordinariamente bien conservado. En sus manos el orador sostenía un pañuelo, se hubiera dicho que por el calor, pues el sudor le corría por la frente. Pero lejos de secarse, de vez en cuando limpiaba distraído el bloque de piedra, como una criada que, envuelta en una conversación embarazosa con su amo, repasa mientras tanto los estantes y repisas con el trapo. Volvió a adueñarse de mí el ánimo de autoflagelación que ha experimentado todo aquel que haya viajado solo, por lo que dejé que las explicaciones que estaba dando me golpearan los oídos.

"Hace no más de dos años había aquí entre los habitantes del lugar –tal era el contenido, aunque de ningún modo las palabras textuales de su monótono discurso– un hombre que por un tiempo puso a la ciudad en boca de todos, debido al engendro más ridículo de la blasfemia y la locura amorosa, un paso en falso que expió y por el que tuvo que pagar el resto de su vida, incluso cuando el afectado, Dios, ya lo había quizá perdonado. El hombre era un picapedrero. Luego de haber trabajado durante diez años en el saneamiento de la catedral, ascendió por sus habilidades a director de todo el trabajo de restauración. Era de natural autoritario, sin familia ni allegados, y estaba en sus mejores años cuando cayó en las redes de la más bella y desvergonzada *cocotte* que se dejó ver en el submundo de la vecina ciudad balnearia. La naturaleza tierna y porfiada de este hombre debe haber impresionado a la mujer; en todo caso, no se conoce ninguno de la zona que haya gozado de su favor, aparte de él, aunque nadie sabía en ese entonces a qué precio. Tampoco habría salido nunca a la luz, si no hubiera llegado de forma inesperada la delegación de la superintendencia de obras desde Roma, a fin de examinar la célebre renovación. Entre los miembros había un joven arqueólogo indiscreto pero erudito, que se había especializado en el estudio de los capiteles del *trecento*. Era su oportunidad para enriquecer su planificada obra monumental con un tratado sobre "Un capitel del púlpito en la Catedral de V..." y le había anunciado su visita al director de la Ópera del Duomo. Este vivía en ese entonces, más de diez años después de sus mejores noches, en profundo aislamiento; hacía mucho que los tiempos de esplendores y obstinaciones habían expirado para él. Sin embargo, lo que el joven estudioso se llevó consigo tras este encuentro no fueron enseñanzas sobre estilos históricos, sino un saber que no se guardó y que finalmente llevó lo siguiente a oídos de las autoridades: el amor que la *cocotte* había sostenido por su admirador no había sido para ella un obstáculo, tal vez más bien un aguijón, para exigir por su cariño un precio satánico. Quería visualizar su *nom de guerre*, el seudónimo que todas estas mujeres llevan según antigua tradición, cincelado en piedra dentro de la catedral, cerca de lo más sagrado. El amante se resistió; pero su fuerza tuvo un límite, y un día, en compañía de la meretriz, dio inicio a su trabajo sobre aquel capitel gótico, que ocupó el lugar de uno más antiguo y desmoronado hasta que lo colocaron como *corpus delicti* sobre la mesa de sus jueces religiosos. Para entonces habían pasado varios años, y cuando se cumplieron con todas las formalidades y se presentaron todas las actas, quedó de manifiesto que era demasiado tarde. Un anciano achacoso y medio senil se paró ante su obra y nadie creyó en fingimientos al ver cómo esa testa, que alguna vez había demandado respeto, se inclinó con la frente arrugada sobre el entrelazamiento de arabescos y en vano intentó leer el nombre que había escondido allí hacía innumerables años."

"Me sorprendí acercándome, no sé por qué, pero antes de que pudiera extender mi mano hacia la piedra, sentí la del sacristán sobre mi hombro. Benévolo y asombrado intentó llegar a los motivos de mi interés. En mi inseguridad y cansancio tartamudeé lo más falto de sentido que puede decirse: "Coleccionista". Luego de lo cual me marché a mi casa.

"Si dormir, como aseguran algunos, no es sólo una necesidad física del organismo, sino una coerción que efectúa el inconciente sobre la conciencia, a fin de que salga del escenario y le dé espacio a las pulsiones y las imágenes, entonces puede ser que el agotamiento que me invadió tuviera más significado que el de costumbre en el mediodía de una ciudad de montaña del sur de Italia. Como sea, soñé, sé que soñé el nombre. Pero no cubierto, tal como había estado delante de mí en la piedra, sino llevado y elevado hacia otro reino, liberado de su hechizo y clarificado. En el múltiple enredo de pastos, hojarasca y flores, se abanicaban y agitaban en mi dirección las letras que en aquel entonces habían hecho latir mi corazón de la forma más dolorosa. Al despertar eran más de las ocho. Hora de cenar y de preguntarse cómo pasar el resto de la jornada. Cerrarla temprano me lo prohibía mi siesta de varias horas, y para invertirla en aventuras me faltaba el dinero y el ánimo. Tras un par de cientos de pasos indecisos llegué a un espacio abierto, el *campo*.

Oscurecía. Algunos niños aún jugaban alrededor de la fuente. La plaza, que estaba prohibida para todo tipo de vehículos, y que ya no albergaba asambleas, sólo mercados, conservaba su sentido vital como gran patio de piedra para que los niños jugasen y se bañasen. Por eso contaba con muchos carros con dulces, maní y melones, dos o tres de los cuales andaban dispersos por la plaza y encendían paulatinamente sus antorchas. Una fulguración resplandeció desde el entorno del último, que había reunido a ociosos y a chicos. Al acercarme reconocí instrumentos de metal. Soy un deambulador atento. ¿Qué voluntad o secreto deseo me habían impedido notar aquello que no podía escapársele ni al más desatento? En esa calle, en cuya desembocadura volví a encontrarme inesperadamente, pasaba algo. Las alfombritas de seda que colgaban de las ventanas no eran ropa extendida para secarse; ¿y por qué conservarían la vieja iluminación aquí y en ninguna otra parte del país? La música se puso en movimiento. Invadió la calle, que rápidamente se llenó de gente. Entonces quedó a la vista que la riqueza, allí donde roza a los pobres, sólo les dificulta alegrarse de lo que les es propio: las velas y antorchas luchaban fuertemente contra los círculos amarillos de las lámparas de arco, puestas sobre el empedrado y las fachadas de las casas. Me sumé a la procesión, bien al final. Todo había sido preparado para que se detuviera delante de una iglesia. Aquí era donde los faroles de papel y las bombillas eléctricas quedaron más cerca entre sí, y desde la aglomeración festiva se iba desprendiendo el ininterrumpido reguero de los devotos, para perderse entre los pliegues del cortinado que cubría el portal abierto.

"Me detuve a cierta distancia de este centro ardientemente iluminado de rojo y verde. La densa multitud que ahora llenaba la calle no era una masa incolora. Eran los habitantes del barrio, muy definidos y relacionados entre sí. Un barrio que por ser pequeñoburgués no contaba con nadie de las clases superiores, ni hablar de extranjeros. Parado como estaba contra el muro, por ley debería haber llamado la atención por mi vestimenta y mi aspecto. Pero, curiosamente, nadie de la multitud me miró ni de reojo. ¿No notaban mi presencia, o es que, perdido como estaba en ese callejón abrasante y cantarín, les parecía a todos que era alguien del lugar? Al pensar en esto sentí orgullo y me invadió una gran satisfacción. No me dirigí a la iglesia. Conforme con haber gozado de la parte profana de la fiesta, quería emprender el camino a casa junto a los primeros saciados y antes que lo hicieran los niños pasados de cansancio. Entonces mi mirada recayó en una de las pizarras marmóreas con que las ciudades pobres de esta región avergüenzan a los letreros de las calles del resto de la tierra. La luz de las antorchas se derramaba sobre ella, parecía estar en llamas. Pero las letras latían nítidas e incandescentes desde su centro, formando otra vez el nombre que, convertido de piedra en flor y de flor en fuego, me buscaba cada vez con mayor ardor y voracidad. Partí, decidido irrevocablemente a regresar a mi hogar, y me puso contento encontrar una pequeña calle que prometía ser un atajo considerable. La vida iba atenuándose en todas partes, y la calle principal en la que debía estar mi hotel, tan concurrida hacía poco, me pareció no sólo más silenciosa, sino también más angosta. Mientras trataba de aclararme las leyes que relacionan de tal manera a las imágenes auditivas y ópticas entre sí, una fuerte música lejana resonó en mis oídos, y con los primeros acordes la revelación me alcanzó como un rayo: ahora viene lo grande. Por eso había tan poca gente, tan pocos burgueses en aquella calle. Aquí tiene lugar el gran concierto nocturno de V..., en el que los habitantes se reúnen cada sábado. De pronto tuve ante los ojos una ciudad nueva y ensanchada, con una historia más rica y movida. Redoblé mis pasos, giré en una esquina y paralizado por el asombro me detuve otra vez en aquella calle que me había atraído como con un lazo, y a la que, ya completamente a oscuras, solitario oyente que llegó con retraso, la banda brindó su último y más olvidado éxito musical."

Aquí mi amigo se interrumpió. Su historia parecía habérsele escapado. Y sólo los labios, que habían hablado hasta hacía un momento, la despidieron largamente con una sonrisa. Miré meditativo los signos, que estaban borroneados en el polvo, a nuestros pies. Y el verso imperecedero pasó majestuoso por la bóveda de esta historia como a través de un portal.

MYSLOWITZ-BRAUNSCHWEIG-MARSELLA[5]
Historia de una noche de haschisch

Esta historia no es mía. Si el pintor Eduard Scherlinger, a quien vi por primera y última vez la noche en que la contó, era o no un gran contador de historias es algo sobre lo que no quiero manifestarme, ya que en estos tiempos de plagios siempre aparece algún oyente que nos atribuye cierta historia precisamente cuando se le aclara que sólo se trata de una reproducción fiel. La escuché una tarde en uno de los pocos lugares clásicos que tiene Berlín para contarlas y escucharlas, el Lutter & Wegener. Se estaba bien junto a la redonda mesa de nuestra pequeña tertulia, pero las conversaciones hacía tiempo que se habían diluido y sobrevivían aisladas y apagadas en pequeños grupos de dos o tres, sin relacionarse entre sí. En cierto contexto, nunca supe cuál, mi amigo filósofo Ernst Bloch dejó caer la frase según la cual no hay nadie que no haya estado a un pelo de ser millonario en su vida. Hubo risas. Tomamos la frase como una de sus paradojas. Pero luego ocurrió algo extraño. Empezamos a ocuparnos de esta aseveración y a debatirla, cuanto más tiempo con tanta mayor pasión, hasta que al final cada uno se fue poniendo reflexivo y llegó al momento de su vida en que más cerca estuvo de acariciar los millones. De las varias y singulares historias que salieron a la luz proviene la del desaparecido Scherlinger, que reproduciré en la medida de lo posible con sus propias palabras.

Cuando murió mi padre –empezó– y recibí una fortuna no del todo pequeña, apuré mi partida hacia Francia. Por sobre todas las cosas me hacía feliz conocer Marsella antes de llegar a los treinta, la ciudad natal de Monticelli, a quien mi arte le debía todo, por callar otras cosas que para mí significaba Marsella en aquel entonces. Dejé mi fortuna en el pequeño banco privado que había asesorado a mi padre satisfactoriamente durante décadas. El hijo del director, con quien éramos, si no amigos, muy buenos conocidos, me aseguró que le prestaría especial atención a mi depósito durante el tiempo de mi larga ausencia y que me avisaría sin dilaciones en el caso de que surgiera una buena posibilidad de inversión. "Sólo debes dejarnos una contraseña", concluyó. Lo miré sin entender. "La única forma de ejecutar las órdenes telegráficas es protegernos contra los abusos –aclaró–. Suponte que te enviamos un telegrama y cae en las manos equivocadas. Para evitarlo, concertamos contigo un nombre secreto, para que lo pongas en lugar del tuyo al pie de tus despachos." Comprendí, y por un instante quedé perplejo. Es que no es tan fácil deslizarse de pronto dentro de un nombre ajeno como en un disfraz. Hay miles y miles a disposición; la idea de que cualquiera da igual entorpece la elección, que enseguida entorpece aún más la sensación, tan oculta que casi no llega a pensamiento, de que se trata de una elección tan imprevisible como trascendente. Como un ajedrecista que se ha metido en un callejón sin salida y preferiría dejar todo como estaba antes, pero que finalmente, obligado a mover, termina desplazando una pieza, dije: "Braunschweiger". No conocía a nadie con ese nombre, de hecho ni siquiera a la ciudad de la que proviene [Braunschweig].

Tras cuatro semanas de escala parisina, llegué a la Gare Saint Louis de Marsella un sofocante mediodía de julio. Unos amigos me habían mencionado el hotel Regina, no lejos del puerto; me tomé el tiempo justo para registrarme y probar el correcto funcionamiento del velador y el agua, luego me puse en camino. Puesto que era mi primer día en esa ciudad, debía ajustarme a mi antigua regla de viaje. En oposición al turista promedio, que no bien arribado ronda pesadamente por el centro de la ciudad desconocida, lo mío era explorar primero los barrios periféricos, los límites externos. Muy pronto reconocí cuán eficaz resultaba aquí esta regla. Nunca la primera hora me había dado tanto como ésta entre puertos menores y diques, depósitos, los alojamientos de la pobreza, los dispersos asilos de la miseria. Los límites municipales constituyen el estado de excepción de una ciudad, el territorio en el que ininterrumpidamente se desencadena la gran batalla decisiva entre ciudad y campo. En ningún lugar es más embravecida que entre Marsella y el paisaje provenzal. Es la lucha cuerpo a cuerpo de los postes del telégrafo contra las pitas, el alambre de púa contra las espinosas palmeras, los vapores de los corredores hediondos contra la húmeda y sofocante oscuridad de los plátanos, las escalinatas de corto aliento contra las inmensas colinas. La extensa rue de Lyon es el reguero de pólvora que Marsella cavó en el paisaje, para que estalle en Saint-Lazare, Saint-Antoine, Arenc, Septèmes, y así cubrir con esquirlas de granadas de todos los idiomas y nombres de empresas: Alimentation Moderne, Rue de Jamaïque, Comptoir de la Limite, Savon Abat-Jour, Minoterie de la Campagne, Bar du Gaz, Bar Facultatif. Y cubriendo todo eso, el polvo, que aquí se aglomera a partir de la sal marina, la cal y la mica. Siguieron luego los muelles más alejados, que sólo usan los buques transatlánticos más grandes, bajo los rayos punzantes del sol que se ponía paulatinamente entre los cimientos de la muralla de la ciudad vieja, a mano izquierda, y las colinas peladas o las canteras a mano derecha, hasta el elevado *pont transbordeur*, que pone fin al viejo puerto, el cuadrado equilátero que los fenicios se reservaban como una gran plaza ante el mar. Aunque hasta ahora había andado solo, incluso en los suburbios más poblados, a partir de aquí me vi imperiosamente incorporado en la corriente de marineros de franco, empleados portuarios de regreso al hogar y amas de casa de paseo, que se movía salpicada de niños a lo largo de los cafés y los bazares, para perderse poco a poco en las calles laterales hasta alcanzar, con algunos navegantes y *flâneurs*, como lo era yo, la gran avenida principal, la calle de los negocios, de la bolsa y de los forasteros: La Cannebière. Cruzando todos los bazares, de una punta a otra del puerto, se extiende aquí la cordillera de los "*souvenirs*". Fuerzas sísmicas han amontonado este macizo de vidrio en pasta, cal conchífera y esmalte, en el que se insertan tinteros, buquecitos de vapor, anclas, termómetros de mercurio y sirenas. Tuve la impresión de que todo este mundo de imágenes se apretaba y encabritaba y escalonaba bajo una presión de mil atmósferas, la misma fuerza que después de un largo viaje ensayan las manos de los navegantes sobre los muslos y los pechos de las mujeres; la misma fuerza voluptuosa que extrae del mundo mineral el corazón de terciopelo rojo y azul que se ubica sobre las cajitas de caracoles y sirve para clavarle agujas y broches; esa misma fuerza que estremece las callejuelas el día de pago. Pensando en estas cosas hacía tiempo que ya había dejado La Cannebière; sin prestar mucha atención vagué bajo los árboles de la allée de Meilhan y a lo largo de las ventanas enrejadas del Cours Puget, hasta que finalmente el azar, que seguía siendo el que se encargaba de mis primeros pasos en una ciudad, me guió al passage de Lorette, la cámara mortuoria de la ciudad, ese angosto patio donde, en la adormecida coexistencia de algunos hombres y mujeres, el mundo entero parece reducirse a una única tarde de domingo. Me sobrevino algo de esa tristeza que aún hoy sigo amando en la luz de los cuadros de Monticelli. Creo que en esas horas el extranjero experimenta algo que de lo contrario sólo perciben los habitantes del lugar. Pues la niñez es la descubridora de fuentes de melancolía, y para conocer la tristeza de ciudades tan gloriosamente relucientes hay que haber vivido en ellas de niño.

Añadiría un bello aderezo romántico –dijo Scherlinger sonriendo– si ahora describiera cómo llegué al haschisch en alguna malhadada taberna portuaria, por intermedio de un árabe, que podría haber sido fogonero en un buque de carga o un estibador. Pero no puedo utilizar este aderezo, pues yo era quizá más parecido a este árabe que los forasteros que se encaminaban a esa misma taberna. Al menos en el hecho de que también yo llevaba conmigo el haschisch en mis viajes. No creo que haya sido el deseo subalterno de escaparle a mi tristeza lo que me llevó, a eso de las siete de la tarde, a fumar el haschisch arriba en mi habitación. Fue más bien el intento de someterme por completo a la mano mágica con que la ciudad me había agarrado silenciosamente de la nuca. El veneno, como queda dicho, no era nuevo para mí, pero ya sea por las depresiones casi cotidianas que sufría en mi ciudad natal, por la pobre compañía o lo inadecuado de los lugares, nunca me había sentido admitido dentro de esa comunidad de conocedores cuyos testimonios me eran muy familiares, desde *Los paraísos artificiales* de Baudelaire hasta *El lobo estepario* de Hesse. Me tiré sobre la cama, leí y fumé. Frente a mí, abajo en la ventana, veía una de esas negras y angostas calles del barrio portuario que son como un corte de cuchillo en el cuerpo de la ciudad. De esta forma gocé de la imprescindible certeza, dentro de una ciudad de cientos de miles en la que no me conocía ni uno solo, de poder entregarme a mis ensoñaciones sin que nadie me molestase. Pero el efecto se hizo esperar. Habían transcurrido tres cuartos de hora cuando empecé a sospechar de la calidad de la droga. ¿O la había estado guardando demasiado tiempo? De pronto, un fuerte golpe en mi puerta. Nada me hubiera resultado más inexplicable. Sentí un susto mortal, pero no hice ningún ademán de abrir, sino que pregunté cuál era el asunto, sin cambiar en lo más mínimo mi posición. El criado: "Un señor quiere hablarle". "Hágalo subir", dije; para preguntar por su nombre me faltó presencia de ánimo o coraje. Permanecí reclinado contra el respaldo de la cama, con el corazón palpitante y mirando fijamente la puerta entreabierta, hasta que apareció en ella un uniforme. "El señor" era un repartidor de telegramas.

"Recomiendo comprar 1.000 Royal Dutch viernes primera cotización telegrafíe conformidad."

Miré el reloj, eran las ocho. Un telegrama urgente podía llegar al día siguiente a primera hora a la sede berlinesa de mi banco. Despedí al cartero con una propina. Dentro de mí empezaron a alternarse la inquietud y el descontento. Inquietud por ser agobiado justo ahora con un negocio, un curso de la bolsa; descontento por la ausencia continua de cualquier efecto. Me pareció lo más inteligente ponerme de inmediato en camino al correo central, pues sabía que estaba abierto para telegramas hasta medianoche. Que debía contestar por la afirmativa estaba fuera de duda, por la fiabilidad con que me aconsejaba mi hombre de confianza. Me preocupaba en cambio la idea de poder olvidarme la contraseña acordada en caso de que, contra todo lo esperable, el haschisch empezara a hacer efecto. Lo mejor era entonces no perder tiempo.

Mientras bajaba las escaleras, me acordé de la última vez en que había consumido haschisch (hacía varios meses) y de cómo no había podido saciar el hambre voraz que me había asaltado más tarde en mi cuarto. Por eso me pareció aconsejable comprar una tableta de chocolate. De lejos me hizo señas una vidriera con bomboneras, reluciente papel de aluminio y confituras bellamente apiladas. Entré al local y quedé perplejo. No se veía a nadie. Más me llamaron la atención las extrañas sillas, ante las que tuve que reconocer que, para bien o para mal, en Marsella se tomaba el chocolate sobre altos tronos, parecidos a sillones de quirófano. Entonces llegó corriendo desde el otro extremo de la calle el dueño en delantal blanco, y apenas si tuve tiempo de esquivar, riendo a carcajadas, su ofrecimiento de afeitarme o cortarme el pelo. Sólo ahora entendí que hacía tiempo que el haschisch había empezado a hacer su trabajo, y de no haberme informado de ello la transformación de talqueras en bomboneras, estuches de níquel en tabletas de chocolate y pelucas en tortas cilíndricas, mis propias risotadas hubieran sido advertencia suficiente. Pues el delirio empieza con carcajadas semejantes, o con una risa más silenciosa e íntima, pero tanto más alegre. Y ahora lo reconocí también en la infinita caricia del viento, que movía los flecos de los toldos al otro lado de la calle.

De inmediato entraron en vigencia las pretensiones de tiempo y espacio que establece el fumador de haschisch. Las cuales son, como se sabe, absolutamente majestuosas. Al que ha consumido haschisch, ni Versalles le parece demasiado grande, ni la eternidad demasiado larga. Y con el trasfondo de estas inmensas dimensiones de la vivencia interior, de la duración absoluta y del espacio inconmensurable, el maravilloso humor que acompaña a aquella sonrisa beatífica prefiere la ilimitada incertidumbre acerca de todo lo existente. Bajo el paso liviano y determinado, el suelo de piedra irregular de la gran plaza que cruzaba en ese momento se transformó en el piso de una carretera por la que marchaba de noche como un vigoroso caminante. Al final de esta gran plaza se erguía una horrible construcción simétrica con un reloj iluminado en su frontispicio: el correo. Que era horrible es algo que digo ahora; en aquel momento no lo hubiera permitido. Porque nada sabemos de fealdades cuando hemos consumido haschisch, pero ante todo porque ese oscuro correo despertó en mí una profunda sensación de agradecimiento por estar a la espera de mi persona, listo con todos sus depósitos y buzones para recoger y transmitir el inapreciable consentimiento que me haría un hombre rico. No podía apartar la mirada de él, incluso sentí que se me escaparía si me acercaba demasiado y perdía de vista el conjunto y ante todo el luminoso reloj lunar. Fue entonces que se metieron en el lugar adecuado de la oscuridad las mesas y sillas de un bar pequeño y ahora sí de mala reputación. Aunque estaba bastante alejado del barrio apache, no había allí ningún burgués, a lo sumo un par de familias de comerciantes minoristas de la vecindad, junto al auténtico proletariado del puerto. En este pequeño bar tomé asiento. Era el último en esa dirección al que podía acceder sin peligro, según evalué en mi éxtasis con la misma seguridad con la que, profundamente cansado, uno sabe llenar un vaso con agua hasta el borde y sin derramar ninguna gota, como jamás lo lograría con los sentidos despiertos. Pero no bien me sintió reposar, el haschisch empezó a poner en juego su magia con una intensidad primitiva, como nunca la había experimentado antes ni la experimenté después. Me convirtió en un fisonomista. Yo, que soy incapaz de identificar a conocidos lejanos, o de guardar facciones en la memoria, me obsesioné con los rostros que tenía a mi alrededor, y que normalmente hubiera evitado por un doble motivo: ni hubiera deseado atraer sus miradas sobre mí, ni habría tolerado su brutalidad. De pronto entendí cómo la fealdad se le podía aparecer a un pintor (¿no le pasó a

Leonardo y a varios otros?) como el verdadero depósito de la belleza, mejor dicho como su cofre, como la montaña partida con todo el oro interior de la beldad reluciendo desde las arrugas, las miradas y los rasgos. Me acuerdo en especial de un rostro masculino infinitamente bruto y malvado, desde el que de pronto me llegó, conmovedora, "la arruga de la resignación". Los rostros masculinos eran los que me causaban simpatía. También empezó ahora el largamente resistido juego de que en cada nuevo semblante surgiera un conocido, del que a menudo sabía el nombre, a menudo no. La ilusión se diluyó, pero como se diluyen las ilusiones en el sueño, es decir no avergonzada y deshonrada, sino pacífica y amistosa como un ser que ha cumplido con su deber. Mi vecino, un burgués a juzgar por su porte, cambiaba ininterrumpidamente la forma, expresión y volumen de su rostro. Su corte de pelo y los anteojos de marco negro lo hacían de pronto severo, de pronto afable. Me dije que no podía cambiar tan rápido, pero no sirvió. Había dejado varias vidas atrás cuando de pronto fue un alumno de liceo en una pequeña ciudad del Este. Tenía un cuarto de estudio bonito y refinado. Me pregunté: ¿de dónde tiene este joven tanta cultura? ¿Qué será su padre? ¿Comerciante de telas o corredor de cereales? De pronto supe que la ciudad era Myslowice. Levanté la vista. Y entonces vi al final de la plaza, no, más lejos, bien al final de la ciudad, el liceo de Myslowice, cuyo reloj (¿se había detenido?, no avanzaba) marcaba que eran poco más de las once. La clase debía haber recomenzado. Me hundí del todo en esa imagen, ya sin tocar fondo. Las personas que me habían mantenido absorto hasta hacía un instante (¿o habían transcurrido dos horas?) ahora se habían como borrado. "De siglo en siglo, las cosas se van volviendo más ajenas", se me cruzó por la cabeza. Dudé mucho si beber del vino. Había pedido media botella de Cassis, un

vino seco. Dentro del vaso nadaba un trozo de hielo. No sé
cuánto tiempo estuve abstraído en las imágenes que lo habi-
taban. Cuando volví a mirar la plaza, vi que tendía a trans-
formarse con cada uno que entrara en ella, como si a cada
uno le construyera una figura que, bien entendida, nada tenía que ver con cómo veía a la plaza el visitante, sino más
bien con el aspecto que los grandes retratistas del siglo XVII
resaltan de una galería o una ventana, según la fisonomía de
la persona distinguida que colocan delante.

Con un brusco sobresalto salí súbitamente de mi profundo ensimismamiento. Todo era claridad dentro de mí, y sólo
sabía una cosa: el telegrama. Había que despacharlo inmediatamente. Para mantenerme despierto pedí un café. Pasó
una eternidad antes de que apareciera el camarero con la
taza. La agarré con avidez, el aroma me subió a la nariz,
pero a poco de llegar a mis labios la mano se detuvo repentinamente, para mi propia sorpresa o sorprendida, quién podía saberlo. De pronto comprendí la prisa instintiva de mi
brazo, me expliqué el aroma embriagador del café, caí en la
cuenta de lo que convierte a esa bebida en el clímax de todo
consumidor de haschisch: que intensifica, como ninguna otra
cosa, el efecto del veneno. Por eso quería detenerme, y me
detuve. La taza no tocó la boca. Pero tampoco la mesa. Quedó pendiendo en el vacío delante de mí, sostenida por un
brazo que empezó a perder la sensibilidad y, rígido y desfa-
lleciente, la tomaba como si fuera un emblema, una piedra o
un hueso sagrados. Mi mirada recaló en los dobleces de mis
blancos pantalones playeros y reconocí que eran arrugas de
mi chilaba; mi mirada recaló en mi mano y reconocí que era
una mano marrón, etíope; y mientras mis labios permanecían pegados entre sí, rehusándose tanto al trago como a la
palabra, subió a ellos desde el interior una sonrisa orgullosa,
africana, sardanapálica, la sonrisa de un hombre que está a

punto de vislumbrar el curso del mundo y los destinos *individuales*, y para quien ya no hay secretos ni en las cosas ni en los nombres. Me vi sentado ahí, marrón [*Braun*] y silencioso [*schweigend*]. *Braunschweiger* [habitante de Braunschweig]. Se había abierto el sésamo de este nombre, que debía esconder en su interior todas las riquezas. Sonriendo con infinita compasión pensé por primera vez en los habitantes de Braunschweig, que viven pobremente en su pequeña ciudad centroalemana sin tener conocimiento de las fuerzas mágicas que fueron depositadas en ellos a través de su nombre. En ese momento percibí, ceremoniosos y ratificadores como un coro, todos los campanarios de Marsella con sus campanadas de medianoche.

Apagaron las luces, el bar cerró. Caminé por la orilla del muelle, leyendo los nombres de las embarcaciones amarradas. Me invadió una alegría incomprensible, y les fui sonriendo a todos los nombres femeninos de Francia. Marguerite, Louise, Renée, Yvonne, Lucile... El amor brindado a estos botes a través de esos nombres me pareció maravilloso, bello y conmovedor. Junto al último había un banco de piedra: "Banco", me dije en voz alta, y reprobé que no estuviera firmado también él con letras de molde doradas sobre fondo negro. Ese fue el último pensamiento inteligible que tuve esa noche. El próximo me lo dieron los diarios vespertinos, cuando desperté en el caluroso mediodía sobre un banco junto al agua:

"Sensacional alza de Royal Dutch".

Nunca, cerró el narrador, me sentí tan melodioso, despejado y festivo después de una noche de haschisch.

89

EL VIAJE DEL *MASCOTTE*[6]

Esta es una de esas historias que uno escucha en altamar, para las que el casco de un buque constituye la caja de resonancia adecuada y el trepidar de la máquina la mejor compañía, y de las que no hay que preguntar de dónde provienen.

Terminada la guerra –contó mi amigo, el radiotelegrafista de a bordo–, algunos navieros acordaron repatriar los veleros, los barcos salitreros que habían sido sorprendidos en Chile por la catástrofe. La situación legal era sencilla: los barcos seguían siendo patrimonio alemán, de modo que sólo se trataba de facilitar la tripulación necesaria para hacerse cargo de ellos en Valparaíso o Antofagasta. En los puertos locales había suficientes marineros que esperaban ser contratados. Pero la cosa presentaba un pequeño inconveniente: ¿cómo transportar a las dotaciones hasta el lugar indicado? Estaba claro que sólo podían ir como pasajeros, para entrar en servicio en los lugares de destino. Igual de claro estaba que se trataba de gente que no podía ser sometida a la autoridad que le compete al capitán sobre los pasajeros comunes, menos que menos en una época en que aún estaban latentes los ánimos del levantamiento marinero en Kiel.

Nadie lo sabía mejor que los de Hamburgo, entre ellos el cuadro de mando del velero de cuatro palos *Mascotte*, compuesto por una elite de oficiales decididos y experimentados.

Consideraban este viaje una aventura en la que podían estar jugándose el pellejo. Y puesto que el hombre inteligente toma precauciones, no se confiaron de su coraje, sino que se fijaron muy bien en cada una de las personas que contrataron. Por eso sería apresurado atribuir a una negligencia en la selección el hecho de que entre los enrolados se hallara un tipo alto, como de guardia prusiana, cuyos papeles no estaban muy en orden y cuyo estado físico también dejaba que desear. Ya se verá por qué.

No habían salido ni cincuenta millas desde Cuxhaven cuando empezaron a notarse cosas que no anunciaban nada bueno para la travesía. Sobre cubierta y en las cabinas, incluso en las escaleras, se reunían desde temprano y hasta tarde las agrupaciones y conciliábulos más disímiles; frente a Helgoland ya existían tres clubes de juego, un ring de boxeo siempre listo y un teatro de aficionados no recomendable para gente sensible. En el comedor de los oficiales, cuyas paredes habían sido adornadas por la noche con sugerentes dibujos, los caballeros bailaban el Jimmy por las tardes, y en el sector de carga se había establecido una bolsa de a bordo, cuyos miembros realizaban a la luz de las linternas de bolsillo negocios con dólares, prismáticos, fotos de desnudos, cuchillos y pasaportes. En una palabra, el barco era una *Magic City* flotante, y se habría dicho que todas las delicias de la vida portuaria surgían de la tierra (o en este caso de las vigas), aun sin la presencia de mujeres.

El capitán, uno de esos hombres de mar que combinan poca instrucción con mucha viveza, mantuvo la calma incluso en circunstancias tan incómodas. Tampoco los perdió cierto mediodía (habrá sido a la altura de Dover), cuando apareció en la popa Frieda, una muchacha del barrio rojo de Hamburgo Sankt Pauli, bien formada pero mal reputada, con un cigarrillo entre los labios. Indudablemente había gente a bordo que sabía dónde había estado escondida hasta el momento, y tenía en claro las represalias correspondientes en caso de que se ordenara alejar al pasajero sobrante.

A partir de ese momento el ajetreo nocturno se volvió más vistoso aún. Pero no podríamos decir que corría el año 1919 si a todos estos pasatiempos no se les hubiera adosado lo político. Algunas voces se alzaban con el deseo de transformar la expedición en el comienzo de una vida nueva en un mundo nuevo; otras veían más cerca el momento largamente anhelado de saldar las cuentas con las clases dominantes. Notoriamente, soplaban vientos fuertes. Pronto se supo también de dónde provenían: había un cierto Schwinning, un tipo de porte prusiano pero postura lánguida, que se peinaba el pelo rojo con raya y del que sólo se sabía que había viajado como camarero de diversas líneas, por lo que conocía muy bien los secretos profesionales de los contrabandistas finlandeses de gasolina.

Al principio se había mantenido al margen, pero ahora se lo encontraba uno a cada paso. Quien lo escuchara debía conceder que se las veía con un experimentado agitador. Y quién no lo escuchaba cuando en el "bar" enredaba a este o a aquel en una charla ruidosa y pendenciera con un vozarrón que sobrepasaba a la música, o cuando en el "ring" y sin que nadie le preguntase proporcionaba informaciones precisas acerca de la filiación partidaria de los luchadores. Mientras la masa se entregaba a sus entretenimientos, él trabajaba incansablemente en politizarla, un esfuerzo que al fin dio sus frutos durante la asamblea nocturna en la que se lo nombró presidente del consejo de marineros.

La entrada al canal de Panamá multiplicó las votaciones. Y no era poco lo que había para votar: una comisión de cocina, una brigada de control, un secretario de a bordo, un tribunal político; resumiendo, se montó un gigantesco aparato, sin que se registrara conflicto alguno con la comandancia del buque. En cambio, aumentó la frecuencia de las discrepancias dentro de la junta revolucionaria, que eran tanto más enojosas por cuanto, bien mirado, todos pertenecían en el fondo a dicha junta. El que no tenía un puesto, esperaba recibirlo en la próxima reunión de comisión; no transcurría un solo día sin que hubiera que clarificar dificultades, revisar votaciones y emitir resoluciones. Cuando el comité de acción hubo fijado con todo detalle el plan para dar un golpe sorpresa (la noche subsiguiente, a las once en punto, se apoderarían del mando para poner rumbo oeste, hacia las Galápagos) el *Mascotte* ya había dejado atrás Callao, sin que nadie lo notase. Más tarde se reveló que las mediciones habían sido falsificadas. Más tarde quiere decir a la mañana siguiente, cuando el velero tocaba puerto en Antofagasta, 48 horas antes del motín cuidadosamente planificado, como si nada hubiese pasado.

Hasta ahí, mi amigo. La segunda guardia llegó a su fin. Entramos al cuarto de los mapas, donde nos esperaban las profundas tazas con cacao. Guardé silencio, tratando de explicarme lo que había oído. El radiotelegrafista, a punto de beber el primer trago, se detuvo súbitamente y me miró por sobre el borde de su taza. "Ni lo intente –dijo–. Tampoco nosotros estábamos enterados por aquella época. Tres meses más tarde, me topé con Schwinning en la administración en Hamburgo. Justo salía del despacho del jefe, con un grueso cigarro entre los labios. Ahí entendí a la perfección el viaje del *Mascotte*."

EL PAÑUELO[7]

¿Por qué se está acabando el arte de contar historias? A menudo me he planteado esta pregunta, luego de haberme aburrido toda una noche junto a otras personas alrededor de una mesa. Pero esa tarde, parado al lado de la cabina del timonel sobre la cubierta del *Bellver*, y mientras iba recogiendo con mis excelentes prismáticos todos los aspectos de la incomparable panorámica que ofrece Barcelona desde la altura de un barco, creí haber dado con la respuesta. El sol se ponía sobre la ciudad y parecía derretirla. Todo lo vivo se había retirado a los intervalos grisáceos entre el follaje de los árboles, el cemento de las construcciones y la roca de las montañas más alejadas. El *Bellver* es un bello, espacioso barco a motor, al que a uno le gustaría atribuirle un destino más importante que el de abastecer el pequeño tráfico de ida y vuelta hacia las islas Baleares. Y realmente su imagen me pareció que se encogía cuando al día siguiente lo vi en el muelle de Ibiza dispuesto para el regreso, pues me había imaginado que desde ese lugar seguiría curso hacia las Canarias. Parado allí, pues, recordaba al capitán O., del que me había despedido hacía un par de horas, el primer y quizás último contador de historias con que me topé en mi vida. Puesto que, como queda dicho, el arte de contar historias toca a su fin. Y al rememorar las muchas horas que el capitán O. paseaba de un lado al otro de la cubierta de popa, mirando ociosamente en lontananza, supe que aquel que nunca se aburre tampoco puede contar. Sin embargo, el aburrimiento ya no tiene lugar en nuestra vida. Las actividades que se relacionaban con él de manera secreta e íntima están en extinción. También por eso toca a su fin el don de contar historias: ya no se teje ni se hila, no se hacen manualidades ni se ralla mientras se escucha al contador. En resumen: debe haber trabajo, orden y obediencia para que las historias florezcan.

Contar no es sólo un arte, más bien es un rango, cuando no un cargo oficial, como en Oriente. Termina siendo un saber, así como a la inversa la sabiduría suele manifestarse como narración. Por eso el contador de historias es también alguien que sabe dar consejo. Y para recibirlo, uno mismo debe contarle cosas a él. Pero nosotros sólo sabemos lamentar nuestras preocupaciones y quejarnos, pero no contar. Y en tercer lugar pensé en la pipa del capitán: la pipa que limpiaba al empezar y que limpiaba al callar, pero que entremedio, llegado el caso, dejaba tranquilamente que se apagase. Tenía boquilla de ámbar, pero con cabeza de cuerno provista de pesados adornos de plata. Había sido de su abuelo, y tengo para mí que era el talismán del contador de historias. Pues también por eso ya no hay nada auténtico para escuchar, porque las cosas no duran ya lo que deberían. El que alguna vez haya usado un cinturón de cuero hasta que se le cayó a pedazos encontrará que en algún momento de todo ese tiempo se le tiene que haber adherido una historia. La pipa del capitán ya debía conocer muchas de esas.

Así fantaseaba yo, cuando abajo en el muelle apareció un hombre rechoncho con la cara más maciza que jamás se haya metido debajo de una gorra de capitán: el capitán O., con cuyo carguero había yo arribado esa mañana. El que esté acostumbrado a las partidas solitarias desde ciudades ajenas sabe o apreciará lo que significa la aparición de un rostro conocido, aun cuando no pertenezca a los de mayor confianza, en esos momentos en que la inminente partida despeja los resquemores de tener que mantener una conversación larga, al tiempo que pone a disposición algún sombrero, una mano, un pañuelo en el que poder anidar la mirada desamparada, antes de echarse a vagar por la superficie del océano. Y ahí estaba entonces el capitán, como si lo hubiera llamado con el pensamiento. Con quince años se había ido de su casa, durante tres había recorrido el Pacífico y el Atlántico en un barco escuela y más tarde había arribado con un vapor transatlántico de Lloyd, al que sin embargo dejó pronto, por motivos desconocidos. Más que eso no había podido averiguar. Sobre su vida parecía pender una sombra, pues no le gustaba hablar de eso. Con lo que naturalmente parecía faltarle lo más maravilloso de un contador de historias: que puede contar la propia, dejar que esa mecha se consuma en la suave llama de la narración. Como sea, su existencia parecía ser pobre comparada con la del barco, al que sabía insuflarle vida en cada cuaderna y cada cabio. Así estaba delante de mí esa mañana en que desembarqué. Del año de construcción y las tarifas, de la bodega de carga y el tonelaje estaba tan bien informado como de los salarios de los jóvenes marineros y las preocupaciones de los oficiales. ¡Y de aquellos tiempos en que los veleros aún hacían de fletes, y era el capitán mismo quien concertaba las cargas en los puertos! Por esa época aún valía la frase en broma: "Retirarse de la navegación para subirse a un buque de vapor". Pero hoy... y a eso seguían por lo general algunas frases de las que podía deducirse cuán profundamente habían cambiado las cosas debido a la crisis económica.

En ocasiones semejantes el capitán O. deslizaba a veces alguna opinión sobre política. Pero jamás lo vi con un periódico. Nunca olvidaré su respuesta, el día que llevé la conversación hacia ese tópico. "A través de los periódicos uno no puede enterarse de nada –dijo–. La gente quiere aclararle a uno todo." Y en efecto: ¿no constituye la mitad del arte de informar el hecho de ahorrarnos las explicaciones? Y en ese sentido, ¿no son un ejemplo los antiguos, que ofrecían lo sucedido en seco, por así decirlo, tras dejar que se escurrieran todas las motivaciones psicológicas y las opiniones? Hay que admitir que al menos las historias de este narrador quedaban exentas de explicaciones superfluas, sin que por eso se perdiera nada, a mi parecer. Había algunas más curiosas, pero ninguna que confirmara tanto aquella peculiaridad como la siguiente, sobre la que aún habría de caer, esa tarde en el muelle de Barcelona, el reflejo más sorprendente.

"Sucedió hace muchos años, en uno de mis primeros viajes a América, que hice como el oficial más joven –me contó el capitán a la altura de Cádiz–. Llevábamos siete días de travesía y al mediodía siguiente debíamos arribar a Bremerhaven. A la hora habitual di mi vuelta por la cubierta, intercambiando aquí y allí algunas palabras con los pasajeros, cuando me detuve perplejo: la sexta reposera de la hilera estaba vacía. Me subió una sensación de ahogo, y sin embargo creo que en los días anteriores había pasado por allí sintiendo un ahogo mucho mayor, cuando me dirigía con un saludo mudo a la joven señora que solía yacer sin moverse, con las manos plegadas en la nuca y la vista clavada en el horizonte. Era muy bonita, pero su belleza era tan llamativa como su reserva. Eran raras las ocasiones en que se le escuchaba la voz, la voz más maravillosa de la que guardo recuerdo, áspera y profunda, oscura y metálica. Una vez, cuando le alcé un pañuelo (aún hoy recuerdo la sorpresa que me causó el emblema: un escudo tripartito con tres estrellas en cada sector), le escuché decir "Gracias" con un énfasis como si le hubiese salvado la vida. Esta vez terminé mi ronda y estaba a punto de ir en busca del médico de a bordo, para averiguar si la dama estaba enferma, cuando súbitamente me envolvió un remolino de retazos blancos. Miré hacia arriba y vi a la ausente inclinada sobre la baranda de la cubierta, mirando abstraída cómo el viento y las olas jugaban con el enjambre de papelitos. Al mediodía siguiente (tenía mi puesto sobre cubierta y controlaba las maniobras de atraque) mi mirada volvió a cruzarse con la desconocida. El barco estaba a punto de atracar, la quilla se acercaba lentamente al muelle al que habíamos amarrado la popa. Se veían con claridad las siluetas de los que esperaban; la desconocida los examinaba febrilmente. El proceso de recoger las amarras del ancla había monopolizado mi atención, cuando varias voces se alzaron de pronto en un grito. Me di vuelta y enseguida vi que la desconocida había desaparecido; por el movimiento de la gente se notaba que se había arrojado al agua. Cualquier intento de rescate era en vano. Incluso si hubiese sido posible detener el motor de inmediato, el casco del buque estaba a no más de tres metros del muelle y su movimiento resultaba imparable. El que cayera entremedio estaba perdido. Entonces ocurrió lo increíble: apareció uno que emprendió la titánica empresa. Se lo vio saltar desde la borda, tensos cada uno de los músculos y las cejas bien juntas, como si estuviera apuntado. Mientras el buque, para indignación de todos los presentes, se adosaba todo a lo largo a estribor, el salvador apareció a babor, que estaba tan solitario que al principio nadie reparó en él. En los brazos llevaban a la muchacha. Efectivamente había apuntado y, cayendo con todo su peso sobre la otra, la había arrastrado hacia el fondo y vuelto a emerger a la superficie tras pasar por debajo de la quilla. "Mientras la sostenía – me dijo él más tarde–, ella me susurró "Gracias", como si le hubiera alzado un pañuelo."

Todavía resonaba en mis oídos la voz con la que el contador de historias había pronunciado estas últimas palabras. Si quería volver a darle la mano, no había tiempo que perder. Me disponía ya a bajar rápido la escalera cuando noté que los silos, las barracas y las grúas empezaban lentamente a retroceder. Estábamos en viaje. Con los prismáticos delante de los ojos dejé por última vez que Barcelona pasara por delante de mí. Luego los fui bajando hasta el muelle. Ahí estaba el capitán, parado entre la multitud; en ese momento debió haberme observado. Alzó una mano a modo de saludo, moví la mía. Cuando volví a apoyar los binoculares sobre mis ojos, había desplegado un pañuelo y lo meneaba. Con claridad me percaté del emblema en una punta: un escudo tripartito con tres estrellas en cada sector.

NOCHE DE PARTIDA[8]

La agricultura de la isla es arcaica. No siegan sino que cortan los cereales con la hoz. En algunas regiones las mujeres los arrancan con la mano, por lo que no quedan rastrojos. Una vez cosechado, se lo lleva a la era, donde un caballo que un campesino refrena e incita desde el centro del lugar, trilla con sus cascos el grano de las espigas. Sesenta años atrás aquí no se conocía aún el pan; el alimento principal era el maíz. Y aún hoy se irrigan los campos a la vieja usanza, con norias accionadas por mulas. Sólo hay un par de vacas en la isla. Algunos dicen que por falta de alimento; pero Don Roselló, el delegado y comerciante de vinos, que aquí es el representante del progreso, dice que por la mentalidad retrasada de los habitantes. Hasta no hace mucho, al llegar a Ibiza uno podía averiguar del primero que se le cruzaba: "Ahora hay tantos forasteros en la isla". De esos tiempos es la siguiente historia, tal como fue contada en la mesa de Don Roselló:

Un extranjero, que tras varios meses de presencia en la isla se había ganado la amistad y la confianza, ve llegar el último día de su permanencia. Es un día de un calor abrasador; una vez que ha terminado con los preparativos del viaje, decide liberarse de la preocupación por sus cosas lo más rápido posible, a fin de disfrutar dos horas de la tarde a la fresca sombra en el patio de un vinatero ibicenco. En el barco le prometen guardar su equipaje, incluida su chaqueta; visiblemente aliviado, el extranjero se dirige al dueño de la *tienda*, quien le da la cordial bienvenida aunque vaya en mangas de camisa. Sin esfuerzo se despacha las primeras *copitas* de un Alicante del país. Pero a medida que transcurre el tiempo bebiendo, más difícil parece hacérsele la despedida, sobre todo una tan poco ceremoniosa. Se le agolpan las preguntas: sobre la historia de los bellos galgos, descendientes de los podencos faraónicos, que vagan sin dueño por la isla; sobre las antiguas costumbres de rapto y cortejo, de las que nunca había podido saber precisiones; sobre el origen de aquellos extraños nombres con los que los pescadores designan a las montañas, completamente distintos de los nombres que les dan los campesinos. A tiempo recuerda haber oído hablar del dueño de esta pequeña tienda como de una autoridad en todas las cuestiones de la historia local. Es su última oportunidad para averiguar estas cosas, y también para evitar la soledad de la noche en ciernes. Pide una botella de lo mejor, y mientras el posadero la descorcha ante sus ojos, el diálogo entre ellos ya se ha entablado. Ahora bien, en las últimas semanas el extranjero había conocido lo suficiente la fanática hospitalidad de los isleños como para saber que el honor de servirles es algo que hay que estipular con mucha anticipación. Por eso lo primero que hace es invitar al posadero a sentarse a su mesa, punto sobre el que se mantiene firme también con la segunda y la tercera botella, sobre todo porque mientras tanto puede apuntar esta o la otra información en su libreta. Hojeando en ella a la luz de la vela, se topa (es medio dibujante) con bocetos que datan de los días de su arribo. Ahí está el ciego con la pata cruda de una cabra o carnero, que anda por la calle siempre guiado por un chico; en otra hoja los vívidos perfiles de los muros, ensamblados sin patrón alguno; y luego las escaleras azulejadas con las enigmáticas cifras que se encontró bien al principio, cuando buscaba vivienda. El posadero los había mirado con interés por

HISTORIAS DESDE LA SOLEDAD Y OTRAS NARRACIONES

sobre su hombro. Naturalmente que conoce la historia de la pata de carnero: él mismo ha intercedido frente al *municipio* a fin de que se le concediera al ciego la autorización para crear una mísera lotería y expender billetes cuyo único premio es esa pata. Y a los azulejos de cifras enigmáticas él había llegado a verlos en una calle cuando todavía representaban la numeración de las casas. Más: él sabe también lo que quieren decir las blancas cruces al pie de ciertas casas, que tantos quebraderos de cabeza les han dado a los extranjeros. Son como altares de descanso, que marcan el sitio donde las procesiones hacen un alto en su marcha por las calles. El forastero recuerda vagamente haber visto algo similar en los pueblos de Westfalia. Entretanto ha refrescado; el posadero insiste en rodear al huésped con una de sus propias chaquetas, y se abre la última botella. Pero volviendo a las anotaciones del foráneo, en cuál de los relatos italianos de Stendhal hay un motivo que se parezca a este de Ibiza: la muchacha casadera, rodeada de pretendientes el día festivo, pero con un padre que fija estrictamente el plazo para la entrevista con los candidatos; una hora, hora y media a lo sumo, aunque sean treinta muchachos o más, de modo que cada uno debe comprimir en pocos minutos lo que tenga para decirle. Aún los espera una buena mitad de la botella cuando una sirena retumba en su banquete. Es el *Ciudad de Mahon*, que está listo para partir a diez minutos de distancia, en el puerto, y ya tiene a bordo el equipaje del extranjero. La luz del palo mayor pende sobre los techos en el cielo oscuro. El posadero advierte que ya no queda mucho tiempo para cumplidos y sin oponer mucha resistencia le extiende la cuenta, según lo convenido. El forastero se estremece, antes aún de echarle un vistazo. Su dinero ha desaparecido. Mira rápido al posadero. Su honrado rostro expresa consternación. Imposible que se haya hecho del sobre con los billetes. Con los giros más solícitos, el posadero pide no concederle ninguna importancia al incidente. De todos modos le había resultado poco agradable haber tenido que ser huésped del señor en su propia casa. Y en cuanto al dinero, sin dudas lo hallaría a bordo en la chaqueta. Para el forastero se trata de un consuelo a medias. Los billetes que le faltan no son de menor valor ni cantidad. A bordo, sus peores presentimientos se hacen realidad. La chaqueta está vacía, y ahora sabe qué opinión tener sobre la célebre honestidad de la población. Durante la noche en vela en su cabina, puesto ante la alternativa de sospechar del dueño de la tienda o del camarero del barco, se decide por el último. Pero se equivocaba. Era el posadero quien tenía el dinero. Cuando llegó a casa, recibió la prueba de ello en forma del siguiente telegrama: "Dinero en la chaqueta que se puso aquí. Mando transferencia".

–Por lo que respecta al telegrama –dijo Don Roselló, que había escuchado con una sonrisa indulgente– debe haber sido el primero que envió jamás.

–¿Y qué hay con eso?

–Ya sé a dónde quiere llegar –repuso–. A la pureza de los nativos. A la edad dorada. Lugares comunes à la Rousseau. Hace siete años abrieron la prisión, que se encontraba en un castillo moro, y efectivamente no volvió a ser usada. ¿Sabe por qué? Se lo diré con las palabras del viejo carcelero que tuvimos que despedir: "Nuestra gente ya ha recorrido mucho el ancho mundo. Allí aprendieron a distinguir entre el bien y el mal". El contacto con el mundo fomenta la moral. Eso es todo.

LA CERCA DE CACTUS[9]

El primer extranjero que vino a Ibiza fue un irlandés, O'Brien. De esto hace ahora aproximadamente veinte años, y el hombre ya andaba por aquel entonces por los cuarenta. Antes de jubilarse había dado muchas vueltas aquí con nosotros. De joven había sido mucho tiempo estanciero en África Oriental, era un gran cazador y lanzador de lazo. Pero ante todo era un personaje singular, como no he conocido ninguno. Se mantenía alejado de los círculos cultos, los sacerdotes, los miembros del gobierno, incluso con los aborígenes su trato era distante. Sin embargo, su memoria sigue viva entre los pescadores, sobre todo por su maestría para hacer nudos. Por lo demás, su poca sociabilidad parecía ser sólo en parte una consecuencia de su carácter; experiencias adversas con gente cercana habrán hecho el resto.

En aquel momento todo lo que pude averiguar es que le había confiado su única posesión valiosa a un amigo y este se había esfumado con ella. Se trataba de una colección de máscaras de negros que había adquirido de los aborígenes durante sus años africanos, que por lo demás no le trajeron ninguna suerte al que se las había adueñado. Había muerto durante el incendio de un barco y con él había desaparecido la colección de máscaras, que llevaba a bordo.

O'Brien se había asentado en su *finca* arriba de la bahía, pero si se proponía algún trabajo su camino lo llevaba siempre de nuevo al mar. Allí se ocupaba de la pesca, dejaba caer la nasa hecha de *cañas* trenzadas cien metros o más profundo aún, donde las langostas pasean sobre el fondo rocoso, o partía en las tardes tranquilas para colocar redes que había que recoger doce horas más tarde. Su mayor satisfacción, con todo, siguió siendo la caza de animales terrestres; en Inglaterra estaba relacionado con suficientes amateurs y científicos como para casi nunca quedarse sin algún encargo, ya fuera de pieles de aves, raras clases de escarabajos, salamanquesas o mariposas. Su especialidad, sin embargo, eran las lagartijas. Aún se guarda memoria de los terrarios que se difundieron por aquel entonces en Inglaterra, en los rincones del *boudoir* reservado para los cactus o en los jardines de invierno. Las lagartijas empezaron a ser un artículo de moda, y nuestras Baleares se hicieron tan conocidas entre los comerciantes de animales como alguna vez lo habían sido entre los líderes de las legiones romanas en razón de sus honderos. Pues "*balea*" significa honda.

O'Brien, como dije, era un personaje singular. Desde cazar lagartijas y cocinar, hasta dormir y pensar, no había nada que hiciera de la manera que lo hacen otros. Respecto de la comida, le importaban poco las vitaminas, calorías y cosas por el estilo. Toda comida, solía decir, es medicina o veneno, y no hay término medio. Según él, el que come debía considerarse una especie de convaleciente, si quería alimentarse correctamente. Luego de lo cual se le podía escuchar toda una lista de comidas que correspondían a los sanguíneos, los coléricos, los flemáticos y finalmente a los melancólicos, que resultaban sanadoras por suministrarles las sustancias complementarias y atenuantes.

Lo mismo con el sueño: O'Brien tenía su propia teoría de los sueños y afirmaba que entre los pangwe, una tribu negra del interior de África, había conocido un remedio infalible para mantener alejadas las pesadillas y los rostros atormentadores mientras dormimos. Sólo se necesitaba evocar la imagen espantosa antes de acostarse (como hacen los pangwe en medio de ceremonias) y uno quedaba a resguardo de ella durante la noche. A esto él lo llamaba la vacunación onírica.

En cuanto al pensamiento, supe lo que opinaba una tarde, mientras íbamos en bote a recoger redes que habían sido arrojadas el día anterior. La pesca fue paupérrima. Habíamos recogido la red casi vacía, cuando un par de lazos quedaron atrapados en un arrecife y, pese a todo el cuidado que pusimos durante el rescate, se rompieron.

Enrollé mi piloto, lo metí en mi bote y me recosté. El cielo estaba nublado, el aire quieto. Enseguida cayeron un par de gotas, y la luz, que tanto abusa aquí de las cosas desde el cielo, se retiró, como devolviéndolas a la tierra.

Al enderezarme, mi mirada recayó en él. Aún sostenía su red en las manos, aunque estas descansaban; estaba como ausente. Extrañado, lo miré con mayor atención; su rostro no tenía expresión, ni edad; en su boca cerrada se dibujaba una sonrisa. Tomé mis remos; un par de golpes nos llevaron por el agua tranquila.

O'Brien levantó la vista.

–Ahora aguanta de nuevo –dijo y probó, tirando fuerte, el nuevo nudo en la red–. Es un doble flamenco, a fin de cuentas.

Lo miré sin entender.

–Un doble flamenco –repitió–. Fíjese, le puede servir también al pescar con caña.

Diciendo lo cual tomó un pedazo de cuerda, dobló una de las puntas y la enlazó tres, cuatro veces alrededor de sí misma, hasta transformarla en el eje de una espiral, cuyas vueltas se estrecharon en un nudo al darle un tirón.

–En realidad es sólo una variedad del doble nudo galera
–prosiguió–. Preferible en todo caso al carpintero, enlazado
o sin enlazar.

Todo esto lo acompañó de rápidas vueltas y lazos. Me
produjo mareo.

–El que ata estos nudos al primer intento –concluyó– ha
llegado lejos y puede jubilarse. Lo digo literalmente: sentarse a descansar, pues los nudos son un arte de yoga; tal vez el
más maravilloso de todos los métodos de relajación. Sólo se
lo aprende practicando y volviendo a practicar; no ya en el
agua, sino en casa, con toda calma, en invierno, cuando llue-
ve. En el mejor de los casos cuando uno está triste o preocu-
pado. No me creería todas las veces que le encontré solución
a preguntas que me angustiaban.

Al final prometió instruirme en la materia e iniciarme en
todos los secretos, desde el nudo de cruz y de tejedor hasta el
de tope y de Hércules.

Pero nada de eso ocurrió, pues poco después se lo vio
cada vez menos en el agua. Primero se ausentó tres, cuatro
días, luego semanas enteras. Nadie sabía qué hacía. Se oye-
ron rumores sobre una ocupación misteriosa. Indudablemente
había descubierto un nuevo hobby.

Pasaron algunos meses hasta que volvimos a estar juntos
en un bote. Esta vez la pesca fue más abundante. Con su
caña pescamos una gran trucha de mar y O'Brien me invitó
a comerla en su casa la noche siguiente.

Terminada la comida, O'Brien abrió una puerta al tiempo que decía: "Mi colección, de la que seguramente ha oído
hablar".

Claro que había oído hablar de la colección de máscaras
de negros, pero sólo que se había hundido.

Sin embargo, ahí colgaban ahora veinte a treinta piezas
sobre las paredes blancas de la habitación vacía. Eran más-

caras de expresión grotesca, que revelaban una severidad casi cómica, un rechazó implacable de todo desenfreno. Los labios superiores levantados, sumado a los surcos en arco que formaban las grietas entre los párpados junto con las cejas, parecían exteriorizar algo así como una ilimitada aversión contra el que se les acercara, incluso contra el acercamiento en sí, mientras que los escalonados adornos en punta de la frente y los refuerzos de los mechones trenzados sobresalían como manchas que anunciaran los derechos de un poder extranjero sobre estas facciones. Cualquiera fuera la máscara que uno mirara, en ningún lugar sus bocas parecían destinadas a emitir sonidos; los labios abombadamente abiertos o firmemente cerrados eran barreras antes o después de la vida, como los labios de los embriones o los de los muertos.

O'Brien se había quedado atrás.

–Ésta de aquí –dijo de pronto a mis espaldas y como para sí mismo– fue la primera que volví a encontrar.

Al darme vuelta lo vi frente a una cabeza alargada, plana, negra como el ébano, que mostraba una sonrisa. Era una sonrisa tan en sus comienzos, que en rigor parecía un rumiar de la sonrisa tras los labios cerrados. Por lo demás, la boca estaba muy hundida, y el semblante mismo no era más que un engendro de la frente monstruosamente abombada, que caía a plomo con una curva irrefrenable, apenas quebrada por las ojeras redondas y prominentes que sobresalían como desde una campana de buzo.

–Esta fue la primera que volví a encontrar. Y también le podría decir cómo.

Me limité a mirarlo. Reclinó la espalda contra la ventana baja y comenzó:

–Si mira hacia afuera, encontrará delante de usted la cerca de cactus. Es la más grande de toda la región. Fíjese en el tronco, que se hizo leñoso hasta bien arriba. En eso reconoce usted la edad; por lo menos 150 años. Era una noche como esta, sólo que brillaba la luna. Luna llena. No sé si alguna vez se ha dado cuenta del efecto de la luna en esta región, en la que su luz no parece caer en el escenario de nuestra existencia diaria, sino sobre un planeta opuesto o colindante. Había pasado la tarde ante mis cartas náuticas. Sepa que mi hobby es mejorar las cartas de la marina británica, y a la vez ganar fama a bajo precio, pues allí donde cubro un nuevo sitio con mis nasas, hago mis sondeos. Había delimitado algunas pequeñas colinas en el fondo del mar y reflexionado acerca de qué bonito sería si me eternizaran allí en la profundidad, bautizando a alguna de ellas con mi nombre. Luego me fui a la cama. Habrá visto antes que tengo cortinas delante de la ventana; en aquel entonces aún me faltaban, y la luna subió delante de mi cama, en la que yacía insomne. Había recurrido otra vez a mi juego preferido de hacer nudos. Creo haberle hablado de eso alguna vez. El procedimiento consiste en atar un nudo complicado en mi mente, luego lo pongo digamos al lado mío y paso a hacer un segundo, de nuevo en mi mente. Después vuelvo al primero. Sólo que ahora no lo tengo que atar, sino soltar. Claro que lo importante es memorizar la forma del nudo con mucha precisión, y ante todo no mezclar el primero con el segundo. Realizo estos ejercicios, con los que realmente he adquirido un saber, cuando tengo problemas sin solución, o los miembros cansados no me dejan dormir. En ambos casos busco lo mismo: relajación.

Esta vez, sin embargo, mi probada maestría no me sirvió para nada, pues cuanto más me acercaba a la solución, tanto más se acercaba a mi cama el brillo encandilador de la luna. Me refugié en otro método. Pasé revista a todos los dichos, adivinanzas, canciones y expresiones que fui aprendiendo en la isla. Con eso mejoró. Sentí apaciguarse mi espasmo interior, y mi mirada recaló en la cerca de cactus. Recordé un antiguo versito burlón: "*Buenas tardes chumbas figas*". El joven campesino le da las "Buenas tardes" al higo chumbo, saca su cuchillo y le hace una raya de cabo a rabo, como se dice.

Pero la época de los higos chumbos había pasado hacía tiempo. La cerca estaba pelada; sus hojas pendían oblicuas en el vacío, o se escalonaban como gruesos platos esperando en vano la lluvia.

"No hay una cerca [*Zaun*], sino mirones [*Zaungäste*] detrás de ella", se me pasó por la cabeza.

Pues entremedio parecía haber ocurrido una transformación con esa cerca. Era como si los que estaban afuera en la claridad, que ya rodeaba toda mi cama, me miraran fijamente, como si una multitud de aliento contenido estuviera pendiente de mis miradas. Un tumulto de escudos, mazas y hachas de combate alzadas. Al dormirme reconocí de pronto el medio con el cual esas figuras exteriores me tenían en jaque. ¡Eran máscaras eso que se disparaba hacia mí!

En ese punto me sobrevino la duermevela. Pero a la mañana siguiente el asunto no me dejaba en paz. Tomé un cuchillo y me encerré durante ocho días junto al bloque del cual proviene la máscara que cuelga aquí. Las otras surgieron una tras otra, sin que yo volviera a mirar jamás a la cerca de cactus. No quiero decir que todas se vean igual a las que tenía antes; pero juro que ningún conocedor podría diferenciar estas máscaras de las que hace años ocuparon su lugar.

Así habló O'Brien. Seguimos charlando un rato, luego me fui.

Algunas semanas más tarde escuché que había vuelto a encerrarse con una tarea misteriosa y se hallaba inaccesible. Nunca volví a verlo, pues murió poco después.

Hacía tiempo que no pensaba en él, cuando un día descubrí para mi sorpresa, en la vitrina de un comerciante parisino de objetos de arte de la rue La Boétie, tres máscaras de negros.

–¿Puedo felicitarlo con toda franqueza por esta adquisición de inaudita belleza? –me dirigí al jefe de la casa.

–Veo con placer que sabe usted apreciar la calidad –fue la respuesta–. Veo que es usted un experto. Las máscaras que usted admira, y con razón, no son más que una pequeña muestra de la gran colección que estamos planificando exponer en breve.

–Y puedo imaginarme, caballero, que estas máscaras inspirarán a nuestros jóvenes artistas para hacer interesantes experimentos propios.

–¡Así lo espero! Por cierto, si le interesan especialmente le hago traer desde nuestra oficina los informes de nuestros principales peritos de La Haya y Londres. Verá que se trata de objetos de cientos de años de antigüedad. Con dos de ellos hablaría incluso de miles de años.

–¡Efectivamente me interesaría mucho leer esos informes! ¿Puedo preguntarle de quién proviene esta colección?

–Del legado de un irlandés. O'Brien. No debe haberlo oído nombrar nunca. Vivió y murió en las islas Baleares.

HISTORIAS DESDE LA SOLEDAD[10]

La muralla

Hacía un par de meses que estaba viviendo en un pueblito de montaña español. Varias veces había tomado la decisión de dar una vuelta por los alrededores, circundados por una corona de importantes peñascos y oscuros pinares. Entremedio se escondían algunas aldeas, en su mayoría con nombres de santos que bien podrían haberse asentado en esta región paradisíaca. Pero era verano, el calor me hacía aplazar mi intención día a día, hasta que terminé ahorrándome incluso mi querido paseo a la colina de los molinos de viento que se veía desde mi ventana. Me quedé con los acostumbrados vagabundeos por las callejuelas estrechas y en sombra, en cuyo entramado uno nunca llega a los mismos puntos por los mismos caminos. Deambulando una tarde me topé con una tienda de objetos usados en la que se podía comprar postales. En todo caso tenía algunas en la vidriera, y entre ellas la foto de la muralla de una ciudad, como la han tenido varios sitios en esta zona. Sin embargo, jamás había visto ninguna similar. El fotógrafo había captado toda su magia; se bamboleaba por el paisaje como una voz, como un himno a través de los siglos de su duración. Me prometí no comprar la postal antes de no haber visto por mí mismo la muralla fotografiada en ella. A nadie le hablé de mi intención, cosa que me resultó fácil, pues me guiaba la firma al pie de la postal: "S. Vinez". Nada sabía de un San Vinez. ¿Pero sabía más de un San Fabiano, un San Romano o San Sinforio, como se denominaban otras aldeas de la zona? Mi guía de viaje no contenía el nombre, pero esto sí que no significaba nada. Había campesinos habitando la región, y los navegantes la usaban para hacer sus marcaciones: ambos, no obstante, usaban distintos nombres para los mismos lugares. Consulté viejos mapas, y como tampoco eso me permitió avanzar, conseguí una carta náutica. Rápidamente quedé fascinado con la investigación, y hubiera atentado contra mi honor buscar ayuda o consejo de terceros en un estadio tan avanzado de la misma. Había vuelto a pasar una hora con mis cartas, cuando un conocido del lugar me invitó a dar un paseo vespertino. Quería llevarme a una colina frente a la ciudad, aquella desde la que tan a menudo me habían saludado, por sobre las copas de los pinos, los molinos de viento paralizados hacía tiempo. Empezaba a oscurecer cuando llegamos arriba, e hicimos un alto para esperar la luna, tras cuyo primer rayo emprendimos el regreso. Salimos de un bosquecito de pinos. Bajo la luz de la luna yacía, cercana e inconfundible, la muralla cuya imagen me acompañaba hacía días, resguardando la ciudad a la que regresábamos. No dije una palabra, y al rato me separé de mi amigo. A la tarde siguiente me crucé de pronto con mi tienda. La postal colgaba aún en la vidriera. Sobre la puerta, en un cartel que antes me había pasado desapercibido, leí en letras rojas "Sebastiano Vinez". El pintor le había agregado un cono de azúcar y un pan.

LA PIPA

Durante una caminata en compañía de un matrimonio amigo pasé cerca de la casa que yo habitaba en la isla. Me dieron ganas de fumar una pipa. Como no la encontré en el bolsillo acostumbrado, me pareció una buena oportunidad para buscarla en mi pieza, donde debía estar sobre la mesa. Le pedí a mi amigo que se adelantara junto a su mujer mientras yo buscaba a la ausente. Di la vuelta; pero no me había alejado diez pasos cuando, al revisar de nuevo, sentí la pipa en el bolsillo. Ni un minuto más tarde los otros me vieron volver a su lado, echando humo. "Realmente estaba sobre la mesa", expliqué, siguiendo un impulso incomprensible. En la mirada del hombre despuntó algo como en la de quien despierta tras un sueño profundo y aún no descubre dónde está. Seguimos caminando, la conversación retomó su rumbo. Más tarde volví a dirigir la charla hacia el *intermezzo*. "¿Cómo es que no se dieron cuenta de nada? –pregunté–. Lo que afirmé era imposible." "Eso sin dudas –contestó el hombre tras una breve pausa–. Yo también quería decir algo. Pero luego pensé: debe ser cierto. ¿Por qué habría de mentirme?"

LA LUZ

Estaba por primera vez a solas con esta amante en un pueblo extranjero. Esperaba delante de mi alojamiento, que no era el de ella. Queríamos hacer un paseo nocturno. Subía y bajaba por la calle principal del pueblo, esperando. Entonces vi a lo lejos, entre los árboles, una luz. "A quienes la ven cada tarde –pensé– la luz no les dice nada. Puede que pertenezca a un faro o a una granja. En cambio a mí, el forastero, me dice mucho." Y con eso di la vuelta, para recorrer la calle una vez más. Así siguió un tiempo, y cada vez que daba la vuelta después de un rato, la luz entre los árboles atraía mi mirada. Luego pasó que me sentí obligado a detenerme. Eso fue poco antes de que mi amante me encontrara. Me había dado vuelta otra vez, y lo descubrí: la luz, que yo había divisado a la altura del piso, había sido la de la luna, subiendo lentamente sobre las cumbres lejanas.

CUATRO HISTORIAS[11]

LA ADVERTENCIA

En un lugar para excursiones no lejos de Tsingtau había una promontorio rocoso que se destacaba por su ubicación romántica y por los escarpados muros que caían en el vacío. Esta atracción era la meta de muchos amantes en sus tiempos felices, que luego de admirar el paisaje del brazo de su chica se dirigían en compañía de la misma a un restaurante cercano. Al restaurante le iba muy bien. Pertenecía al señor Ming.

Cierto día, un amante que había sido abandonado tuvo la idea de ponerle fin a su vida precisamente donde más la había gozado, y no muy lejos del restaurante se tiró al vacío desde el peñasco. Este ingenioso amante tuvo imitadores, y no mucho tiempo después el promontorio era tan célebre como calvario que como mirador. El establecimiento del señor Ming sufrió los efectos de esta nueva fama: ningún caballero podía atreverse a llevar a su dama a un sitio en el que debía estar preparado para en cualquier momento ver aparecer una ambulancia. Al negocio del señor Ming le empezó a ir de mal en peor, y no le quedó más opción que reflexionar.

Se encerró un día en su pieza. Cuando volvió a salir, se dirigió a la central eléctrica cercana. Pocos días más tarde, un alambre se extendía por el perímetro del romántico

117

promontorio. En un cartel que colgaba de él se leía: "¡Cuidado! ¡Alta tensión! ¡Peligro de muerte!". Los suicidas evitan desde entonces la zona, y los negocios del señor Ming florecen como antes.

La firma

Potemkin sufría depresiones severas, de recurrencia más o menos regular, durante las cuales nadie podía acercársele y entrar a su habitación estaba estrictamente prohibido. En la corte no se había mencionado este padecimiento, pues se sabía que cualquier alusión a ello hacía perder el favor de la Reina Catalina. Una de estas depresiones del canciller duró más de lo acostumbrado, ocasionando serios inconvenientes. En los registros se acumulaban los expedientes, cuya tramitación, imposible sin la firma de Potemkin, había sido exigida por la zarina. Los altos funcionarios no sabían qué hacer.

Por esa época, el pequeño e insignificante escribiente Schuwalkin llegó por casualidad a la antesala del palacio del canciller, donde los consejeros de Estado estaban reunidos lamentándose y quejándose como de costumbre.

–¿Qué ocurre, excelencias? ¿En qué puedo servirles? –observó el solícito Schuwalkin.

Le explicaron el caso y lamentaron no poder hacer uso de sus servicios.

–Si no es nada más que eso –respondió Schuwalkin–, dejen los expedientes conmigo. Lo pido con todo encarecimiento.

Los consejeros, que no tenían nada que perder, se dejaron persuadir, y Schuwalkin, con el fajo de expedientes bajo el brazo, se dirigió por galerías y corredores hacia el dormitorio de Potemkin. Sin golpear, sin siquiera detenerse, accionó el picaporte. La pieza no estaba bajo llave. Sentado sobre su cama en la penumbra y envuelto en una bata desgastada, Potemkin se comía las uñas. Schuwalkin se acercó al escritorio, mojó la pluma y sin decir palabra se la puso a Potemkin en la mano, al tiempo que apoyaba un expediente cualquiera sobre sus rodillas. Con la mirada ausente puesta en el intruso, como en sueños, Potemkin estampó la firma, luego una segunda y todas las demás. Tras recoger la última, Schuwalkin abandonó el aposento sin dilaciones, tal como había venido, con los documentos bajo el brazo.

Blandiendo triunfante los expedientes ingresó en la antesala. Los consejeros se le arrojaron encima, le arrancaron los papeles de la mano. Se inclinaron sobre ellos conteniendo el aliento. Nadie dijo una palabra; el grupo quedó perplejo. El escribiente volvió a acercarse, volvió a preguntar solícito cuál era la razón de la consternación de los señores. Fue entonces que también su mirada recayó en la firma. Al pie de cada expediente estaba refrendado: Schuwalkin, Schuwalkin, Schuwalkin...

El deseo

Una tarde al final del *sabbat*, los judíos de cierto pueblo jasídico estaban reunidos en una humilde fonda. Eran todos del lugar, menos uno que no conocía nadie, bien pobre, harapiento, que estaba acuclillado en el fondo, a la sombra de la estufa. Habían estado conversando de esto y lo otro. Entonces uno preguntó qué hubiese deseado cada uno si se le concediera un deseo. Uno dijo que hubiese querido dinero, el otro un yerno, un tercero un nuevo banco de carpintero, y así toda la ronda.

Luego de que todos hablaron, quedaba aún el mendigo en la esquina de la estufa. A desgano y vacilante cedió a los que le preguntaban: "Me gustaría ser un rey muy poderoso y reinar en un vasto país y acostarme a la noche y dormir en mi palacio y que desde la frontera entre el enemigo y que antes de que amanezca las huestes penetren hasta mi palacio sin encontrar resistencia y, despertando sobresaltado, sin tiempo ni de vestirme, yo tuviera que emprender la huída en camisón y me dieran caza a través de las montañas y los valles y los bosques y las colinas de día y de noche sin descanso hasta ponerme a salvo en este banco aquí en el rincón. Ese es mi deseo".

Los otros se miraron sin entender.

–¿Y qué ganarías con todo eso? –preguntó alguien.

–Un camisón.

El agradecimiento

Beppo Aquistapace era empleado de un banco de Nueva York. El modesto hombre vivía sólo para su trabajo. En cuatro años de servicio había faltado a lo sumo tres veces, nunca sin una excusa válida. De modo que llamó la atención cuando un día faltó sin previo aviso. Como tampoco al día siguiente llegó el hombre ni su excusa, el señor McCormik, jefe de personal, deslizó algunas preguntas en la oficina de Aquistapace. Pero nadie pudo darle información. El ausente tenía poco trato con sus colegas, sólo se relacionaba con italianos de origen humilde como él. Precisamente a esta circunstancia se refería el empleado en el escrito con que, una semana más tarde, informó sobre su paradero al señor McCormik.

El escrito provenía de la cárcel, donde se hallaba con prisión preventiva. Aquistapace se dirigía a su jefe con palabras tan serenas como urgentes. Una lamentable situación en el local del que era habitué, y de la que se había mantenido completamente al margen, había derivado en su detención. Aún hoy seguía sin poder determinar cuál había sido la razón que había desatado una pelea con cuchillos entre sus paisanos. Lamentablemente había terminado con una víctima. Ahora bien, él no conocía a nadie, salvo al señor McCormik, para nombrar como garante de su buena reputación. Este no sólo tenía un cierto interés en el fiel trabajo del apresado, sino también relaciones que le facilitaban interceder en su favor ante la autoridad correspondiente. Aquistapace había estado nada más que diez días en la cárcel cuando retomó sus funciones en el banco.

Al cierre de la jornada, se hizo anunciar con McCormik. Frente a él, inhibido, dijo:

—Señor McCormik, no sé cómo agradecerle. Le debo mi liberación a usted y sólo a usted. Créame que nada me haría más feliz que demostrarle mi reconocimiento. Por desgracia soy un hombre pobre. Y que en el banco no gano ninguna fortuna —agregó con una sonrisa modesta— lo sabe usted mejor que nadie. Pero, señor McCormik —concluyó con voz firme—, una cosa me permito asegurarle: si alguna vez aparece una posición que usted pudiera alcanzar eliminando a un tercero, acuérdese de mí. Conmigo usted puede contar.

PUNTUALIDAD AL MINUTO[12]

Tras postularme durante meses, recibí de la dirección de la emisora de D... el encargo de entretener a la audiencia durante veinte minutos con un informe de mi especialidad, la ciencia bibliográfica. En el caso de que mi charla hallara eco, me prometieron repetir encargos similares con regularidad. El jefe de la sección fue lo suficientemente amable como para indicarme que lo decisivo, además de la estructuración de las reflexiones, era el modo de exponerlas.

–Los principiantes –dijo– cometen el error de creer que deben sostener una ponencia ante un público más o menos grande, pero que casualmente no se encuentra visible. Nada más equivocado. El oyente de radio es casi siempre uno solo, y aun asumiendo que usted llegue a miles, siempre llega a miles por separado. Por eso debe hacer como si le hablara a uno solo, o a muchos por separado, si prefiere, pero en ningún caso a muchos reunidos. Eso en primer lugar. Y en segundo: aténgase al tiempo. Si usted no lo hace, tendremos que hacerlo nosotros por usted, sacándolo del aire sin miramientos. Cualquier retraso, aun el más nimio, tiende luego a multiplicarse en el desarrollo del programa, como sabemos por experiencia. Si no tomamos medidas en ese momento, nuestro programa se desorganiza por completo. Así que no se olvide: ¡Exposición desenvuelta! ¡Y no pasarse ni un minuto!"

Me tomé muy en serio estas indicaciones, en parte también porque de la recepción de mi primera exposición dependía mucho para mí. A la hora convenida me presenté en la emisora con el manuscrito que había recitado en casa en voz alta y controlando el reloj. El locutor me atendió cortésmente, e interpreté como signo especial de confianza que desistiera de controlar mi debut desde la cabina contigua. Entre la apertura y el cierre fui mi propio amo. Por primera vez estaba en una emisora moderna, donde todo está al servicio de la absoluta comodidad del hablante, del libre despliegue de sus capacidades. Puede pararse frente a un púlpito o arrellanarse en uno de los amplios sillones, puede elegir entre distintos tipos de luces, incluso puede caminar de un lado al otro y llevar el micrófono consigo. Por último, un reloj de pie, cuyo cuadrante no marca las horas sino sólo los minutos, le recuerda cuánto vale un instante en este estudio insonorizado. Con la aguja en cuarenta debía terminar.

Había leído bien la mitad de mi manuscrito cuando volví a mirar el reloj, en el que la aguja de los segundos recorre la misma órbita trazada para el minutero, aunque sesenta veces más rápido. ¿Había cometido en casa un error? ¿Había equivocado ahora la velocidad? Claro estaba, como fuera, que habían transcurrido dos tercios de mi tiempo. Mientras seguía leyendo palabra por palabra con tono amable, en silencio buscaba febrilmente una solución. Sólo podía ayudarme una decisión audaz: había que sacrificar párrafos enteros e improvisar en su lugar las reflexiones que introdujeran la conclusión. Arrancarme de mi texto tenía sus peligros. Pero no me quedaba opción. Junté todas mis fuerzas, salté varias páginas mientras dilataba una larga oración y aterricé felizmente, como un avión en su pista, en el ámbito de ideas del párrafo final. Respirando hondo junté luego mis papeles y, entusiasmado por mi proeza, me alejé del púlpito a fin de ponerme tranquilamente mi sobretodo.

Ahora debía entrar el locutor, pero se hacía esperar. Giré hacia la puerta. Mis ojos cayeron otra vez en el reloj. ¡El minutero marcaba treinta y seis! ¡Cuatro minutos enteros para cuarenta! Lo que debía haber visto al vuelo hacía un instante debió haber sido el segundero. Ahora entendí la ausencia del locutor. El silencio, agradable hasta hacía un momento, me envolvió como una red. En este estudio, destinado a la técnica y a los hombres que basan su dominio en ella, me sobrevino un estremecimiento nuevo, emparentado de alguna manera con el más antiguo que conocemos. Me presté oído a mí mismo, en el que pronto sólo retumbaba mi propio silencio. Reconocí en él al de la muerte, que en ese momento me diezmaba simultáneamente en mil orejas y mil habitaciones.

Me invadió un miedo indescriptible, seguido de una feroz determinación. A salvar lo que se pueda salvar, me dije. Extraje el manuscrito del bolsillo, tomé una hoja cualquiera de entre las que había salteado y seguí leyendo, con una voz que parecían cubrir los latidos de mi corazón. Ya no podía exigirme tener ocurrencias. Y como el fragmento de texto que había pescado era corto, fui alargando las sílabas, dejé vibrar las vocales, enfaticé las erres e introduje pausas meditativas entre las oraciones. Llegué nuevamente al final, ahora al correcto. Entró el locutor y me despidió, con la misma amabilidad con que antes me había recibido. Pero la inquietud persistió. Al otro día me encontré con un amigo del que sabía que me había escuchado y le pregunté al pasar sobre su impresión.

–Estuvo muy simpático –dijo–. Sólo que los receptores siempre fallan. El mío volvió a estar completamente interrumpido durante un minuto.

DIÁLOGO SOBRE EL CORSO[13]

RESONANCIAS DEL CARNAVAL DE NIZA

Martes de carnaval en Niza. Sin decir nada le había dado la espalda al carnaval y había deambulado hacia el puerto. Quería descansar de las impresiones de los días anteriores mirando los quehaceres que siempre acompañan la entrada y salida de los barcos. Observaba adormecido a los estibadores que descargaban el *Napoleón Bonaparte*, de Ajaccio, cuando me sobresaltó un golpe en el hombro.

–¡Qué suerte encontrarlo aquí, Doctor! Quería reunirme con usted a toda costa. Y cuando pregunté en el hotel, ya se había ido.

Era mi viejo amigo Fritjof, instalado hace años en Niza, que siempre me recibe durante mis ocasionales apariciones en la ciudad, así como también oficia de guía a los extranjeros, paseándolos por la parte vieja y sus alrededores, siempre y cuando le resultaran simpáticos.

–Lo están esperando –explicó, luego de que nos saludáramos.

–¿Dónde? –pregunté con alguna desconfianza–. ¿Quién?

–En el Café M. Usted sabe, el *Casino Municipal*, desde donde se tiene la mejor vista del corso.

Tener una buena vista del corso me importaba poco, como queda dicho. Pero me dio curiosidad la descripción que me hizo Fritjof de un amigo danés al que le había prometido presentarme, razón por la cual me había rastreado.

—Es escultor —dijo—, un viejo conocido de mis viajes. Me lo encontré en 1924 en Capri, en 1926 en Rodas, en 1927 en el Hiddensee y por último en Formentera. Pertenece a esa rara especie de personas que pasan la mayor parte de sus vidas en islas y que nunca se hallan del todo cómodas en el continente.

—Para un escultor me parece un modo de vida doblemente asombroso —opiné.

—Lo llamé escultor —dijo mi amigo—. Pero sin dudas no es de tipo convencional. No creo que nunca haya aceptado un encargo. Sus recursos le permiten una vida muy independiente. De sus cosas, por lo demás, no he visto nada. Pero se hablaba de él en todos los lugares en que me lo encontré. Y sobre todo entre los nativos. Corría el rumor de que esculpía sus cosas en regiones montañosas apartadas, a cielo abierto, directamente en la roca.

—¿Un artista de la naturaleza, digamos?

—En Rodas lo llamaban "el hechicero". No creo que sea para tanto. Aunque sin dudas es un personaje singular. A propósito, lo mejor sería que hiciera como si ni conociera su profesión. No le gusta hablar de eso. Lo conozco desde hace diez años y sólo recuerdo una única conversación en la que se rozó el tema. No entendí mucho, sólo que en su caso todo debía tender a lo gigantesco. No sé qué es lo que hay que deducir de eso. Pero parecía casi como si las formaciones rocosas lo inspiraran. Un poco como en los viejos tiempos, cuando las rocas le hablaban a la fantasía de los agricultores de montaña o de los pescadores que creían ver en ellas dioses, hombres o demonios.

Habíamos pasado la *place Masséna*, que hoy, en el día del último desfile, estaba limpia de todo tráfico profano, y hacia la que avanzaban las carrozas desde las calles laterales.

En el primer piso del café nos saludó desde una mesa el danés, un hombre pequeño, flaco y no exento de belleza, cuyo pelo rizado tenía un tono rojizo. Fritjof procedió con las presentaciones de modo deliberadamente laxo y enseguida estuvimos sentados en los cómodos sillones ante nuestros vasos de whisky.

Un vendedor de diarios con un bonete de payaso hacía su ronda por el café.

–Cada carnaval tiene su lema – explicó Fritjof–. "*Le cirque et la foire*" es el de este año: el circo y la feria.

–Nada desatinado –opiné–, relacionar los divertimentos del carnaval con los más populares.

–Nada desatinado –repitió el danés–, pero quizás impropio. Feria y circo son eventos que sin duda se acercan al humor del carnaval. ¿Pero no lo hacen en demasía? El carnaval es un estado de excepción. Descendiente de las antiguos saturnales, en las que lo inferior se convierte en lo superior y los esclavos se hacen atender por sus amos. Un estado de excepción sólo se destaca nítidamente en comparación con uno ordenado. Y la feria no lo es. A mí me hubiera parecido más feliz otro lema.

–¿De dónde quiere sacarlo? –preguntó Fritjof–. Hacia donde mire, se topa usted con lo extraordinario. Se ha vuelto nuestra comida cotidiana. No quiero hablar de la situación social o económica. No, atengámonos a lo más cercano. Tome usted el monstruo ese ahí abajo, con el lápiz de un metro detrás de la oreja. Debería representar al "cronista de la feria". ¿Pero no se parece al muñeco publicitario de una fábrica de lápices? ¿No dan la impresión, muchas de estas criaturas gigantescas, de haber abandonado su lugar en el patio interno de las grandes tiendas para sumarse a la procesión de carnaval? Mire tan solo el grupo de carrozas que se acerca allí desde la izquierda. Debe admitir que podrían liderar la campaña publicitaria de una fábrica de zapatos.

–Lo que no me queda claro es qué deberían representar –objeté.

Se aproximó una serie de carretillas, cada una transportando una figura sobredimensionada; todas ellas yacían sobre sus espaldas, con una pierna estirada hacia arriba. Era la única pierna que tenían, con un pie deformemente ancho y plano. Si iba desnudo o calzado es algo que a lo lejos no se podía apreciar.

–Tampoco yo sabría lo que deberían significar –me contestó el danés–, si no los hubiera conocido por casualidad el año pasado en Zürich. Estudiando en la biblioteca di con la famosa colección de antiguos folletos, uno de sus tesoros. De ahí conozco estos seres de fábula. Pues eso es lo que son: se los llamaba esciápodos o pies-sombra. Se sabía que vivían en el desierto y que se cubrían del sol reinante con su único pie gigantesco. Los mostraban en las ferias, o mejor dicho: prometían mostrárselos a los curiosos que se juntaban ante la carpa de los deformes de nacimiento y de los portentos naturales.

Lentas pasaban abajo las carretillas, seguidas por otras más grandes tiradas por yuntas. Ahí estaba el "carro de la lotería", que avanzaba sobre seis ruedas de la suerte; el "carro del domador de peces", que hacía danzar su látigo con banderines sobre pequeñas ballenas y enormes carpas doradas de papel maché; el "carro del tiempo", tirado por un jamelgo descarnado y dirigido por Cronos, que hacía pasar las horas de verano e invierno, de Europa central y occidental, en forma de damas vestidas con exuberancia e ingenio.

–Estos carros son hoy sólo estrados móviles –dijo Fritjof dirigiéndose al danés–. Pero debería haberlos visto ayer, cuando se convirtieron en bastiones. Atrincherados tras los inmensos muñecos, la tripulación libraba su batalla contra el público, contra los simples "espectadores", que en esta ocasión sirven de blanco de todo el rencor que con el correr de los días y de los años despiertan en los eternos relegados, a los que ellos mismos les ponen el cuerpo, aunque más no sea como comparsas de carnaval.

–El carro tiene un algo –dijo el danés pensativo–. Creo que es la representación de la lejanía lo que le da su poder, la magia que cualquier *charlatán* sabe usar con tanto provecho cuando coloca su puesto sobre un coche, a fin de vender su pócima para hacer crecer el cabello o su elixir de la vida. El carro siempre viene de lejos. Y lo que viene de lejos tiene que tener un algo.

Estas palabras me hicieron pensar en un pequeño y curioso libro que me había caído en las manos hacía poco en lo de un anticuario de Munich, bajo una pila de muchos otros libros sobre transporte provenientes de una administración de caballerizas. Se llamaba *El carro y sus transformaciones con el correr del tiempo*. Lo compré, en razón de algunos grabados curiosos y de su formato simpático, y desde entonces casi no me he separado de él. Incluso ahora lo llevaba conmigo, y como me había cansado de mirar, me recliné en el sillón y empecé a hojearlo.

Allí estaban reproducidos todos los tipos de carros y carruajes, y en un apéndice incluso el carro naval o *carrus navalis*, del que muchos derivan el origen de la controvertida palabra "carnaval". Sin duda es para tomarla más en serio que la etimología casera del monje que vio en la palabra una referencia al período de ayuno y la leyó como "carne vale!", ¡adiós, carne! Más tarde, cuando se abordó la cuestión con mayor detalle, se recordó la antigua costumbre de volver a bendecir los botes con alegres desfiles antes de colocarlos nuevamente en el agua tras las tempestades de invierno, y así se llegó a los carros navales latinos.

Fritjof, asomado a la ventana junto al danés, decía de vez en cuando algunas palabras en mi dirección: los nombres de las máscaras que pasaban por abajo y que él leía del programa del desfile. Algunas de las figuras de fantasía que yo me inventaba con toda parsimonia frente a mi vaso podían medirse seguramente con las que se tambaleaban afuera, más allá de que no estuvieran afeadas (como aquellas) por un número cosido a sus espaldas. Dejé que mi ánimo se imaginara lo que quisiera del "domador domado", el "canguro boxeador", el "vendedor de castañas" o la "dama del Maxim's", hasta que una retumbante música de murga me hizo levantar sobresaltado.

Anunciaba la aproximación del pomposo carro que transportaba al rey del carnaval.

Ajustándose al lema de ese año, habían vestido al inmenso muñeco con un uniforme de domador. Un león apoyaba las garras delanteras contra su espalda. Lo cual no le impedía sonreír con los 32 dientes. Era la sonrisa confiada del viejo cascanueces. De pronto sentí la tentación de remitirlo más atrás, hasta el caníbal triturahuesos de mis libros infantiles, que también sonreía con toda la dentadura cuando algo le parecía rico.

–¿No resulta chocante su sonrisa exagerada? –Fritjof se dirigió a mí señalando al muñeco, cuya cabeza simplona se veía bambolear hasta mi sillón.

–La exageración me parece que es el alma de las figuras carnavalescas –respondí.

–La exageración nos choca a veces sólo porque no tenemos la suficiente fuerza como para entenderla –observó el danés–. En rigor, debería decir: la suficiente inocencia.

Recordé lo que mi conocido me había contado sobre la singularidad de la obra del danés. No fue sin esperanza de despertar su contrariedad cuando dije con la mayor naturalidad posible:

–La exageración es necesaria; sólo que a los tontos le parecerá creíble, y llamará la atención de los desatentos.

–No, la cosa tampoco es tan simple –me contradijo el danés, y vi que se había entusiasmado–. ¿O debería decir que es mucho más simple aún? Pues está en la naturaleza de las cosas, aunque no sean las cotidianas. Así como existe un mundo de colores más allá de nuestro espectro visible, así también hay un mundo de criaturas más allá de las naturalezas habituales. Toda tradición popular las conoce.

Con estas palabras se fue acercando y se sentó a mi lado en el sillón, sin dejar de hablar.

–Piense en los gigantes y los enanos. Si lo corpóreo puede asumir de alguna forma simbólica el sitio de lo espiritual, entonces nunca más significativamente que en las criaturas de la poesía popular. Hay dos esferas de inocencia absoluta, que quedan más allá de las dos fronteras en las que nuestra estatura, quiero decir la del ser humano, pasa hacia lo gigantesco o a lo minúsculo. Todo lo humano está manchado por el pecado. Pero las criaturas gigantescas son inocentes; la indecencia de un Gargantúa y Pantagruel (que dicho sea de paso pertenecen a la dinastía de los reyes de carnaval) es abundante prueba de ello.

–¿Y eso se correspondería entonces con la inocencia de lo pequeño? –dije–. Lo que usted dice me hace pensar en "La nueva Melusina" de Goethe, esa princesa en su cajita, cuya retirada soledad, su canto mágico y naturaleza diminuta siempre han sabido encarnar para mí el reino de la inocencia de la manera más perfecta. La inocencia infantil, quiero decir, que por cierto es distinta a la inocencia del reino de los gigantes.

–¡Miren ustedes ese grupo inverosímil! –nos interrumpió Fritjóf desde la ventana.

Era, en efecto, una carroza extraña la que pasaba ante las tribunas en el inicio del crepúsculo. Delante de una pared o biombo, del que colgaban algunos cuadros, estaban parados unos pintores con paleta y pincel, a punto, según parecía, de darle los últimos retoques a su obra. Hacia ellos corrían unos cuantos bomberos con las mangueras ya listas, que amenazaban con dejar bajo agua a las obras maestras junto con sus creadores.

–No sé qué pensar de eso –admití.

–Es el "*car des pompiers*" –dijo Fritjof–. "*Pompier*" se le dice a un pintor académico fanfarrón. Además, la palabra significa "bombero". Un juego de palabras sobre un carruaje. Lástima que sea un caso aislado.

En ese momento, aunque todavía no estaba oscuro, empezaron a encenderse las fachadas alrededor de la *place Masséna*. Las rejas que había a su alrededor sobre las fachadas, y de la que colgaban todo tipo de símbolos de la feria y del circo serruchados y montados uno al lado del otro, se vio devorada súbitamente por un fuego de lámparas multicolores. En el lugar donde antes había un león, ardía ahora una empalizada de luces amarillas, en cuya silueta dos lamparitas rojizas insinuaban los movimientos de lengua del animal; y la muchacha de madera, que antes parecía atender un puesto de tiro al blanco, se había convertido en un resplandeciente retrato de Astarté.

Más curioso que el juego de luces en las fachadas era lo que este tenía para comunicarle a la plaza misma. Le proporcionaba su verdadera identidad. Sólo ahora se ponía de manifiesto que pertenecía a esa noble y extensa serie de plazas europeas, cuyos inicios estaban en Italia y gracias a las cuales las fiestas italianas, con sus *corsi* y procesiones (sin olvidar el carnaval) se habían vuelto una norma para Europa. Estas plazas estaban destinadas, no sólo a albergar en los días laborales al mercado y a las asambleas públicas, sino que en los feriados hacían de salón, festivamente iluminado bajo el cielo nocturno, para no irle a la zaga al del palacio del duque, ricamente recubierto en madera. Hacia una de esas plazas mirábamos ahora en silencio.

Fue después de una larga pausa que el danés giró hacia mí.

–Hace un momento habló usted sobre el mundo de lo tierno y minúsculo que Goethe elaboró en "La nueva Melusina". Y dijo que era, en oposición al mundo de los gigantes, el mundo en el que la inocencia infantil está en su casa. ¿Sabe que tengo mis dudas al respecto? La inocencia infantil, creo yo, no sería humana si no estuviera en casa en ambos reinos, tanto en el de los gigantes como en el de los enanos. No piense sólo en lo tierno y emocionante que tienen los niños cuando juegan en la arena o con un conejo. Piense también en el otro lado: lo descomunal, lo inhumano que da el tono en los libros infantiles más famosos, y que ha hecho tan populares, pero también tan útiles, a "Max y Moritz" o a "Pedro el Desgreñado" ["*Struwwelpeter*"]. Pues allí se lo presenta en su inocencia. Quisiera llamar a eso lo caníbal, que también puede leerse en los labios del rey del carnaval. Lo maravilloso en los niños es que pueden cambiar sin problemas de una a otra zona fronteriza de lo humano y entremedio permanecen aquí o allí sin necesidad del más mínimo compromiso con el mundo opuesto. Esta falta de compromiso es lo que más tarde perdemos. Aunque podemos inclinarnos hacia lo diminuto, ya no podemos asimilarnos a ello, y aunque podemos disfrutar de lo gigantesco, ya no sin una vaga perplejidad. Los niños, que acaso son tímidos frente a los adultos, se mueven ahí abajo entre los gigantes como entre sus iguales. Para nosotros los adultos, el carnaval debería ser la oportunidad, al menos una vez al año, de comportarnos un poco como gigantes, más sueltos y al mismo tiempo más honestos que como lo hacemos todos los días.

Un cohete subió al cielo; se oyó un cañonazo: la señal para la quema del 57avo rey del carnaval, de cuya pira debe extinguirse hasta la última chispa antes de que empiece el miércoles de ceniza.

LA MANO AFORTUNADA[14]
UNA CONVERSACIÓN SOBRE EL JUEGO

–Hay que tener una mano afortunada –dijo el danés–. Podría contarle una historia...

–¡Nada de historias! –intercedió el dueño–. Quiero saber su propia opinión: ¿cree que en el juego todo es azar, o se mezcla ahí alguna otra cosa?

Éramos cuatro. Mi viejo amigo Fritjof, el novelista; luego el escultor danés, que me había hecho conocer en Niza; el inteligente y viajado dueño del hotel, en cuya terraza tomábamos nuestro té vespertino; y yo. Ya no recuerdo cómo llegó la conversación al tema del juego. Casi no había participado de ella, abandonándome al sol primaveral y al gusto de haberme encontrado con mis amigos de Niza aquí en la apartada Saint-Paul.

Con cada día entendía mejor que Fritjof hubiera elegido este rincón para retomar el trabajo en su novela, que en Niza no había avanzado realmente. En todo caso eso fue lo que había deducido allí unas semanas atrás, cuando a una pregunta acerca del asunto me contestó con una sonrisa indefinible: "He perdido mi estilográfica". Poco después partí, por lo que tanto mayor fue mi alegría por volver a ver aquí a amigos, Fritjof y su camarada danés. Claro que no estuvo exenta de sorpresa. ¿Es que Fritjof, el pobre diablo, había conseguido hospedarse una vez más en un hotel confortable?

Ahora estábamos sentados en este pequeño retiro del mundo y, mientras conversábamos, dejábamos descansar la vista en los banderines, que ondeaban de una cuerda de ropa sobre la puerta de la ciudad y de los árboles escalonados en el valle.

–Si quiere oír mi opinión –dijo el danés–, no depende de ninguna de las cosas que estuvimos hablando hasta ahora. Ni del capital en juego, ni de los así llamados sistemas, ni del temperamento del jugador. Antes bien de la falta de temperamento.

–Ahora sí que no entiendo lo que quiere decir.

–Si hubiera vivido lo que viví yo el mes pasado en San Remo, lo entendería enseguida.

–¿Qué ocurrió? –pregunté curioso.

–Había llegado al casino casi de noche –contó el danés– y me acerqué a una mesa donde justo había empezado el baccarat. Quedaba un lugar vacío. Estaba reservado; y las miradas que caían de vez en cuando en él revelaban que esperaban a alguien. Estaba por preguntar por el invitado que parecía despertar tanta expectativa cuando escuché su nombre cerca mío y en el mismo momento, sostenida de un lado por el acomodador y del otro por su secretario, la marquesa Dalpozzo se aproximó a la mesa. El camino desde su coche hasta su asiento parecía haber agotado a la anciana dama. No bien arribada se desvaneció. Tras un rato, cuando el repartidor de naipes se acercó a su lugar, indicando que era su turno de llevar la banca, abrió sin apuro su cartera y extrajo una pequeña jauría de perritos de porcelana, cristal y jade, sus mascotas, y los repartió en torno a su sitio. También para eso se tomó todo el tiempo del mundo, luego de lo cual volvió a hundir la mano en lo profundo de la cartera y extrajo un fajo de billetes de mil liras. Le dejó el esfuerzo de contarlos al croupier. Repartió las cartas; pero no había terminado de darse la última cuando volvió a desvanecerse. Al pedido de una más, con en el que un compañero buscaba mejorar su juego, ya no lo escuchó. Dormía. Entonces se vio cómo su secretario se había ganado su confianza: la despertó respetuosamente, con mano silenciosa, en la que se percibía la práctica. Discretamente, la marquesa fue descubriendo sus cartas una tras otra. "*Neuf à la banque*", dijo el croupier; ella había ganado. Pero eso sólo pareció adormecerla. Y por muchas miles de liras que siguiera ganando con esta banca, no pasó casi una vez sin que el secretario tuviera que estimularla a su suerte.

–Dios le da pan al que no tiene dientes –dije.

–¿No deberíamos decir aquí el Demonio? –propuso sonriente el dueño.

–Sabe que a veces me he planteado la pregunta de por qué el juego es algo proscripto –dijo Fritjof como toda respuesta–. Claro que no es necesario buscar nada enigmático. Hay suficientes suicidios, desfalcos y otros debido al juego. Pero, como decía, ¿es eso todo?

–El juego tiene algo antinatural –dijo el danés.

–A mí me parece del todo natural –opiné–. Tan natural como nuestra incansable, nuestra inagotable esperanza de tener suerte.

–Con eso me ha dado usted el pie –respondió el danés–. "Fe, amor, esperanza". Y ahora fíjese qué ha sido aquí de ellas.

–Se refiere usted a que su objeto es indigno. "El vil metal", o algo así. Si lo entendí bien.

–No, él no me entiende bien –dijo el danés, pasando súbitamente de dirigirse a mí a hablar con Fritjof–. ¿Ha estado alguna vez –prosiguió, mirándolo penetrantemente– en el tren o sobre un banco en un parque, en la inmediata proximidad de una mujer que le pareciera atractiva, en la más inmediata proximidad?

–Voy a decirle algo –respondió Fritjof–: si está sentada demasiado cerca, apenas si uno podrá notarla. ¿Por qué? Porque en una proximidad tan grande es casi imposible contemplarla. A mí al menos me resultaría desvergonzado.

–Más me entenderá entonces si volvemos ahora a nuestra pregunta. Hablábamos de la esperanza. Y yo comparo la esperanza con una desconocida joven y bonita, a la que proponerse hablarle desde una proximidad demasiado grande o incluso interpelarla con la mirada tiene algo de indecente.

–¿Cómo? –pregunté, pues estaba a punto de perder el hilo.

–Hablaba de la cercanía temporal –dijo el danés–. Sostengo que constituye una gran diferencia si abrigo un deseo para un futuro lejano o para este momento. "Lo que uno desea en la juventud, en la vejez lo tiene en abundancia", dice Goethe. Cuanto más temprano en la vida tenga uno un deseo, mejores serán las perspectivas de que se cumpla... Pero me perdí.

–Seguramente quería decir que el apostador también tiene un deseo –observó Fritjof.

–Sí, pero uno que debe cumplirse en el próximo instante. Y eso es lo vil del asunto.

–Curioso contexto en el que pone usted al juego –dijo el dueño–. La contracara de la bola de marfil que cae en su casilla sería entonces la estrella fugaz que cae a lo lejos y autoriza a pedir un deseo.

–Sí, el deseo correcto, que apunta hacia lo que está distante –dijo el danés.

Tras estas palabras se hizo una pausa. A mí me habían arrojado una nueva luz sobre la vieja expresión "Desafortunado en el juego, afortunado en el amor". Como si quisiera intervenir en mis ensoñaciones, escuché decir meditativamente a Fritjof:

HISTORIAS DESDE LA SOLEDAD Y OTRAS NARRACIONES

–Una cosa es segura: que el juego tiene atractivos más grandes que sólo ganar. ¿No hay quien busca allí una escaramuza con su destino? O la oportunidad de galantear con él. Créame: sobre el paño verde se saldan muchas cuentas, que el de afuera ni conoce.

–Tiene que ser realmente una gran tentación poner a prueba su concordancia con el destino.

–Y puede ser muy ambigua –dijo el dueño–. Me acuerdo de una escena que vi en Montevideo. De chico viví mucho tiempo de aquel lado. Allí se encuentra el casino más grande de Uruguay, la gente viaja ocho horas desde Buenos Aires para pasar su *weekend* jugando. Una tarde fui al casino, a mirar. Por las dudas, no llevé dinero. Delante tenía a dos jóvenes que jugaban apasionadamente. Hacían apuestas pequeñas, pero numerosas. Sin embargo, no tenían suerte. Y pronto uno de los dos había perdido todo. El otro tenía aún un par de fichas, pero que ya no quería arriesgar. De modo que dejaron de jugar, pero se quedaron mirando a los otros. Como ocurre a menudo con los perdedores, permanecieron largo rato callados y al margen, hasta que uno, el que ya no poseía nada, de pronto volvió a la vida. Le susurró a su amigo: "Treinta y cuatro". El otro se conformó con encogerse de hombros. Pero el treinta y cuatro salió efectivamente. El adivino, cuya pena era naturalmente grande, lo intento una vez más. "Siete o veintiocho", le murmuró al vecino, que sonrió impasible. Y realmente salió el siete. Ahora el primero empezó a exaltarse. Casi rogando musitó "veintidós". Lo repitió tres veces. En vano: cuando salió el veintidós, la casilla estaba desocupada. Parecía inevitable que los amigos hicieran una escena. Pero justo cuando el hombre milagroso, temblando de nerviosismo, se disponía a dirigirse de nuevo al vecino, el otro le entregó su patrimonio, a fin de no interponerse más en el camino de la suerte conjunta. El amigo le jugó al cuatro. Salió el quince.

Le jugó al veintisiete. Salió el cero. Jugó las últimas dos fichas juntas y las perdió de una sola vez. Se marcharon precipitadamente, abatidos y reconciliados entre sí.

–Curioso –dijo Fritjof–. Se diría que tener las fichas en la mano le quitó su poder de vidente.

–De la misma manera podría usted decir que su poder de vidente le quitó el premio –explicó el danés.

–Esa es una fútil paradoja –objeté.

–En absoluto –fue la respuesta–. Si existe algo así como un jugador afortunado, es decir un mecanismo telepático en el que juega, su asiento está en el inconciente. El saber inconciente es el que se pone en movimiento, cuando su juego es exitoso. Si en cambio se traslada a la conciencia, entonces se pierde para la inervación. Nuestro hombre "pensará" lo correcto, pero "actuará" de manera errónea. Se parará ahí como tantos otros perdedores, que se tiran de los pelos y gritan: "¡Lo sabía!".

–¿Es decir que, en su opinión, un jugador afortunado opera de manera instintiva, como un hombre en el momento del peligro?

–El juego es un peligro provocado artificialmente –confirmó el danés–. Y en algún punto jugar es una forma blasfema de poner a prueba nuestra presencia de ánimo. En efecto, durante el peligro el cuerpo se entiende con las cosas más allá de la cabeza. Sólo cuando respiramos aliviados entendemos cabalmente lo que hemos hecho. Con nuestra acción nos hemos adelantado a nuestra comprensión. El juego tiene mala fama porque constituye una provocación inescrupulosa de aquello que nuestro organismo ejecuta de la forma más refinada y precisa.

Se hizo una pausa. "Hay que tener una mano afortunada...", se me cruzó por la cabeza. ¿No había querido el danés contarnos algo de eso hace un momento? Se lo recordé.

–Ah, la historia –dijo sonriendo–. Para eso es ya un poco tarde. Además, conocemos a su héroe. Y todos lo queremos. Sólo revelaré que es escritor. Eso juega un papel, si bien... pero estoy a punto de arruinarme la gracia del cuento. En resumen, el hombre estaba decidido a probar su suerte en la Riviera. No sabía nada del juego, probó con este y aquel sistema y perdió con todos. Luego abandonó sus sistemas y conservó sólo la costumbre de perder. Sus recursos se agotaron muy rápido, aunque sus nervios lo hicieron mucho antes, y un día perdió incluso su estilográfica. Los escritores a veces son raros, como se sabe, y nuestro amigo es de los más raros. Necesita que su escritorio esté iluminado de una forma muy específica y que las hojas sean de un tipo y un formato muy específicos, de lo contrario no puede trabajar. Con eso se darán fácilmente una idea de lo que significaba para él una estilográfica extraviada. Tras perder un día entero buscando en vano una nueva, a la noche pasamos un rato por el casino. Yo no juego nunca y me contenté con seguir el juego de nuestro amigo. Poco después no era el único que lo seguía, a muchos clientes del casino empezó a llamarles la atención ese hombre que ganaba ininterrumpidamente. Menos de una hora más tarde nos fuimos, a fin de poner nuestro dinero a resguardo, al menos por esa noche. Pero tampoco al día siguiente le pasó nada a ese dinero. Pues así de desesperanzadora como había transcurrido la mañana en las papelerías, así de productiva fue la tarde. Por supuesto que desde la desaparición de la estilográfica ni se hablaba de la novela. Nuestro amigo, de lo contrario un hombre laborioso, no volvió a mirar el manuscrito, hasta eludía escribir la carta más breve. Si le recordaba alguna correspondencia urgente, ponía excusas. Se volvió ahorrativo con los apretones de manos, y evitaba transportar hasta el paquetito más liviano. Gracias que al leer pasaba las páginas. Como si hubiera envuelto su mano en una venda que sólo se sacaba a la tarde, en el casino, donde nunca nos quedábamos mucho tiempo. Habíamos acumulado una bonita suma, cuando una tarde el portero del hotel nos trajo la estilográfica. Había sido encontrada en el jardín de las palmeras. Nuestro amigo le dio una buena propina, y ese mismo día partió, para al fin escribir su novela.

–Muy bonito –dijo el dueño , pero ¿qué prueba eso?

A mí me daba lo mismo lo que probara o no probara la historia, y me alegré de ver en esa terraza de la ciudad de Saint-Paul a mi amigo Fritjof, al que rara vez la vida le sonreía, tomando su té de la tarde con tan íntima satisfacción.

CUENTA RASTELLI...

Escuché la historia de boca de [Enrico] Rastelli, el incomparable e inolvidable malabarista, que la contó una tarde en su camerino.

Había una vez, en los viejos tiempos –empezó–, un gran malabarista. Su vasta fama se había extendido por la tierra gracias a las caravanas y a los barcos mercantes. Un día oyó de él Mohamed Ali Bei, que por aquel entonces reinaba sobre los turcos. Envió a sus mensajeros a los cuatro vientos con la orden de invitar al maestro a Constantinopla, a fin de convencerse en su propia imperial persona de su destreza. Parece que Mohamed Ali Bei era un monarca autoritario, por momentos incluso cruel. Se contaba que un cantor, que había solicitado su oído pero no había encontrado su favor, fue arrojado por una señal suya al calabozo más profundo. Pero también era conocida su liberalidad, y un artista que lo complaciera podía contar con una alta remuneración.

Unos meses más tarde, el maestro arribó a Constantinopla. No venía solo, aunque no hizo mucha alharaca sobre su acompañante. Y eso que en el palacio del sultán le podría haber conferido honores especiales. Todo el mundo sabe que los déspotas de Oriente tienen una debilidad por los enanos. El acompañante del malabarista era precisamente un enano, o mejor dicho, un niño enano. Una criaturita tan tierna, delicada y ágil, que no hubiera encontrado otro igual en el palacio. Pero el maestro tenía su buena razón para mantener oculto al enano. Es que él trabajaba de manera un poco distinta a como lo hacían sus colegas. Como se sabe, estos han ido a la escuela china, donde aprendieron el manejo de los palos y los discos, las espadas y las antorchas. Nuestro maestro, en cambio, no cifraba su reputación en la cantidad y variedad de accesorios, sino que se atenía a uno solo, que además era el más simple y sólo llamaba la atención por su tamaño poco común. Era una pelota. Esta pelota le había conferido su fama mundial, y de hecho nada se asemejaba a los milagros que realizaba con ella. Aquellos que habían presenciado el arte del maestro les parecía que se las había con un compañero vivo, de pronto sumiso y de pronto melindroso, por un momento tierno y enseguida burlón, o solícito y luego perezoso, pero nunca con una cosa muerta. Ambos parecían estar habituados el uno al otro y no poder arreglárselas solos, tanto en las buenas como en las malas. Y nadie sabía el secreto de la pelota: adentro estaba el enano, el ágil niño elfo. En años de ejercitación había aprendido a amoldarse a cada impulso y cada movimiento de su amo, y ahora acostumbraba tocar los resortes que había dentro de la pelota como si fueran las cuerdas de una guitarra. Para evitar cualquier sospecha, amo y asistente nunca se dejaban ver juntos, ni vivían bajo el mismo techo durante sus viajes.

Llegó el día estipulado por el sultán. En el salón de la media luna montaron un estrado rodeado de cortinas, que llenaron los dignatarios del gobernante. El maestro hizo una reverencia de cara al trono y se llevó una flauta a los labios. Tras unos trinos de preludio pasó a un *staccato*, a cuyo compás la gran pelota se acercó dando saltos desde bambalinas. De pronto se había asentado sobre los hombros de su dueño, de donde no volvería a moverse tan rápido. Jugueteaba alrededor del amo, como adulándolo. Este dejó la flauta y, como si nada supiera de su visitante, empezó un lento baile, que hubiera sido un placer seguir, si la pelota no hubiera atrapado todas las miradas. Así como la tierra gira alrededor del sol y al mismo tiempo sobre su propio eje, así giraba la pelota alrededor del bailarín, sin por eso olvidar su propio baile. De la cabeza a los pies no había sitio por el que la pelota no rodara juguetona, y cada uno se convertía por un instante en su propio parque de diversiones. A nadie se le hubiera ocurrido preguntar por la música de esta danza muda. Pues la tocaban ambos recíprocamente: el maestro a la pelota y la pelota al maestro, tal como con los años se había habituado a hacer el pequeño y escondido ayudante.

Así siguió casi todo el tiempo, hasta que en un momento, en un remolino del bailarín, la pelota salió disparada, rodó hasta la rampa, chocó con ella y permaneció dando saltos a su lado, mientras el maestro se concentraba. Pues ahora se acercaba el final. El maestro volvió a tomar su flauta. Los saltos de la pelota se habían hecho cada vez más débiles, y al principio pareció que el maestro quería acompañarlos tocando cada vez más despacio. Pero luego la flauta asumió el mando. El soplido del músico se hizo más potente, y como si de esta forma reforzada le insuflara nueva vida a su pelota, sus brincos se fueron haciendo cada vez más altos. Entonces el maestro empezó a levantar su brazo, lo llevó serenamente hasta la altura del hombro y, sin dejar de tocar, extendió el dedo meñique, sobre el que la pelota, obedeciendo a un último largo trino, se posó de un salto.

Un murmullo de admiración recorrió las filas, y el mismo sultán inició la ovación. El maestro dio una última prueba de su arte al atrapar al vuelo la pesada bolsa con ducados que le arrojaron por orden superior.

Poco más tarde salió del palacio, para esperar en una salida apartada a su fiel enano. Ahí fue que un mensajero corrió hasta él, abriéndose paso entre los guardias.

–Lo he buscado por todas partes, señor –le habló–. Pero usted dejó su hospedaje anticipadamente, y en el palacio me prohibieron la entrada.

Con estas palabras sacó a luz una carta, que llevaba la letra del enano. "Querido maestro, no se enoje usted conmigo –se leía adentro–. Hoy no puede mostrarse ante el sultán. Estoy enfermo y no logro levantarme de la cama."

Como ven, agregó Rastelli tras una pausa, nuestro oficio no nació ayer; también nosotros tenemos nuestra historia, o al menos nuestras historias.

PARÁBOLAS

EL SEGUNDO YO[16]

UNA HISTORIA DE NAVIDAD PARA REFLEXIONAR

Krambacher es un empleado bien raso, además de un señor "sin allegados", como le asegura a las que le alquilan las piezas amuebladas, que cambia cada cuatro a seis semanas. Había pensado con mucha anticipación dónde podría pasar el año nuevo. Pero todos los planes se frustraron; usó el último dinero que le quedaba para comprarse dos botellas de ponche. A partir de las nueve empieza un banquete solitario, siempre con la esperanza de que suene el timbre y alguien lo visite para hacerle compañía.

La esperanza se frustra. Poco antes de las once se pone en camino. Ha sentido encierro. Seguimos su paso sospechosamente animado a través de las calles nocturnas. Se le nota que ha bebido. Tal vez no camina, tal vez sólo sueña que camina. Esta conjetura puede surgir fugazmente en el lector.

Krambacher cruza un callejón algo apartado. El turbio resplandor de una lámpara llama su atención. ¿Un local ambiguo con programa de año nuevo? ¿Pero por qué tan silencioso? Se acerca, ni rastro del local; en un cartel de madera descolorida, colocado sobre el opaco cristal blanqueado de la tienda que difunde la luz lechosa, se lee: KAISERPANORAMA.

Quiere seguir de largo, pero una nota mugrienta sobre la vidriera lo retiene: ¡Hoy, función de gala! ¡*Un viaje por el año pasado*! Desconcertado, Krambacher abre tímidamente la puerta, toma coraje del hecho de no encontrar a nadie y entra. Ahí está el estereoscopio colectivo. Ahora se lo describe, con sus 32 sillas en círculo. Sobre una de esas sillas está el dueño, un italiano enviudado, Geronimo Cafarotti, que duerme, pero se levanta de un salto cuando el huésped se acerca.

Catarata de palabras. De su verborrea se deduce que todas las noches está lleno, aunque hoy casualmente la concurrencia ha sido menor, a pesar de la función de gala; pero él sabía que ya vendría alguno: el correcto. Mientras insta al visitante a sentarse sobre un taburete frente a dos mirillas, le explica:

Aquí conocerá usted a alguien muy especial, verá a un señor que no se le parece en nada: su segundo yo. Usted ha pasado la noche recriminándose, tiene complejos de inferioridad, se siente cohibido, se reprocha no seguir sus impulsos. Ahora bien, ¿cuáles son estos impulsos? Es la presión del segundo yo sobre el picaporte de la puerta que conduce hacia su vida. Y ahora verá por qué ha mantenido esa puerta tan cerrada, por qué tiene inhibiciones, por qué no sigue sus impulsos.

Empieza el viaje por el año viejo. 12 imágenes, cada una con una breve leyenda, además de los comentarios del viejo, que se desliza de una silla a la otra. Las imágenes:

El camino que quisiste tomar
La carta que quisiste escribir
El hombre que quisiste salvar
El lugar que quisiste ocupar
La mujer que quisiste seguir
La palabra que quisiste escuchar
La puerta que quisiste abrir
La ropa que te quisiste poner
La pregunta que quisiste hacer
El cuarto de hotel que quisiste tener

El libro que quisiste leer
La oportunidad que quisiste aprovechar

En algunas imágenes se ve al segundo yo, en otras sólo las situaciones en las que el primero había querido meterse. Las imágenes se describen en el momento en que salen de su lugar con un breve tintineo y le hacen sitio a la próxima, que se aquieta con un temblor y ya le da paso a la siguiente. El último timbre se pierde en las campanadas del año nuevo. Krambacher despierta sobre su silla con el vaso de ponche vacío en las manos.

POR QUÉ EL ELEFANTE SE LLAMA "ELEFANTE"[17]

Esto ocurrió una vez. Había un hombre que se llamaba Elefante. Esto fue hace miles de años, cuando no se conocían aún los elefantes que hay ahora. Pero de pronto, para sorpresa de toda la gente, llegó un animal que no tenía ningún nombre, y el hombre lo vio, y como tenía una nariz corta y se parecía mucho a una persona, lo adoptó, y el animal se quedó con él.

Estando con él tomó un pedazo de madera, no muy largo, aunque pesado, y lo arrojó, a fin de que el animal lo buscase. Como el animal no tenía aún manos con las que pudiera agarrar el pedazo de madera, intentó tomarlo con la nariz.

Pero la nariz era demasiado corta y al animal le costó mucho esfuerzo. Probó hacerlo una vez, y otra, y otra (¡y eso demoraba mucho tiempo!), hasta que de tanto probar, la nariz se le fue haciendo más y más y más larga.

Lo del nombre fue antes, cuando la nariz todavía era corta. Como el animal vivía en lo del hombre que se llamaba Elefante, la gente lo llamó también Elefante.

Y ahora la nariz era tan larga que podía tomar el pedazo de madera con toda facilidad. Le iba bien, y se hacía cada vez más grande. Y hoy es grande y gordo y con una larga narizmano: precisamente como nuestro elefante. Esa es la historia.

CÓMO SE INVENTÓ EL BOTE
Y POR QUÉ SE LLAMA "BOTE"

Antes que todos los hombres vivía uno que se llamaba Bote. Fue el primer hombre, pues antes que él sólo existía el ángel, que se había rebajado a hombre; y esa es otra historia.

El hombre Bote quería meterse en el agua (debes saber que en aquel entonces había mucha más agua que hoy). Se ató tablas con una cuerda, una larga bajo el abdomen, que era la quilla. También con tablas se armó una gorra en punta, que iba adelante cuando estaba en el agua: esa sería la punta. Y atrás estiró una pierna, con la que timoneaba.

Así se metió en el agua y timoneó y remó con los brazos y avanzó muy fácilmente por el agua con la gorra de tablas, ya que era puntiaguda. Así fue, pues. El hombre Bote, el primer hombre, se había hecho un bote de sí mismo, con el que se podía avanzar por el agua.

Y por eso (¿no es cierto que está clarísimo?), porque él mismo era el bote, llamó "bote" a eso que había hecho. De ahí que el bote se llame "bote".

UNA HISTORIA GRACIOSA,
DE CUANDO AÚN NO HABÍA HOMBRES

En aquel entonces la tierra no era firme aún y todo era un pantano, como masa mojada. Había apenas un árbol, que era inmenso y podía caminar (los primeros árboles podían caminar como animales). El inmenso árbol salió a pasear y caminó y de pronto, justo al borde del pantano más profundo, cayó con un enorme ¡plaf! en el agua.

En ese mismo instante todo se hizo firme, la masa se puso bien dura, y en todas partes de la tierra aparecieron piedras grumosas, de modo que un hombre (que aún no existía) no podría haber avanzado con facilidad, pues se habría lastimado.

El ángel se rebajó entonces a convertirse por primera vez y tuvo alas de hierro y le echó un vistazo a la tierra. Y luego el Dios salpicó una vez más mucha agua sobre la tierra y todo se volvió nuevamente pantano y lago y mar.

Pero se secó al sol, y en muchas partes quedó liso. Y ahora también había montañas, pues la gran salpicada había lavado la arena y formado surcos y pliegues: o sea, montañas. Cuando yo salpico, sólo se forman pequeños surcos y lagunas; cuando el que salpica es Dios, se forman montañas.

El ángel que ahora andaba por abajo dejó que sus alas se derritiesen, las mismas desaparecieron y entonces el ángel fue un hombre. Pero aún había grumos sobre la tierra, una especie de barro, todo pegajoso.

De ese material se hicieron los hombres, en primer lugar el señor que se llamaba Bote. Se hicieron, sencillamente fueron; el ángel, que también se había hecho hombre, sólo necesitó mirar. Se hicieron a su imagen.

Luego los hombres construyeron muelles y erigieron muchos monumentos y arriba hombres de hierro con alas bien desplegadas. Pero eso fue mucho más tarde, poco tiempo antes de que inventaran las lámparas.

TENTATIVAS

EN UNA CIUDAD GRANDE Y ANTIGUA...[18]
(Fragmento)

En una ciudad grande y antigua vivía en un tiempo un comerciante. Su casa estaba ubicada en uno de los barrios más viejos, sobre una callejuela estrecha y sucia. En esta calle, donde las casas eran tan viejas que ya no podían sostenerse por sí solas y se apoyaban unas en otras, la casa del comerciante era la más vieja de todas. Pero también era la más grande. Con el enorme arco de su portal y las altas ventanas abovedadas de cristales abombados y semiopacos, con el empinado techo lleno de pequeñas ventanitas, tenía un aspecto muy singular la casa del comerciante, la última de la Mariengasse. Era una ciudad devota y muchas casas contaban con una imagen de la Virgen o de algún santo bellamente tallada en madera sobre la puerta principal o en el techo. También en la Mariengasse cada casa tenía su santo, salvo la del comerciante, pelada y gris, sin adornos. En la gran casa no vivía nadie más que el comerciante y una niña de 8 años. La chica no era su hija pero vivían juntos, él la criaba y ella le ayudaba con sus negocios. Nadie sabía muy bien cómo había llegado a la casa del comerciante.

El comerciante no era un tendero normal, al que la gente le comprara vestidos y especias. Ni siquiera se relacionaba con los pobres y humildes vecinos de la calle. Día a día se la pasaba en su amplia oficina, con los altos armarios y los largos estantes, llevando la contabilidad y haciendo cálculos.

Pues su comercio se extendía más allá del océano, hasta países muy lejanos. A veces, una o dos por año, debía abandonar su casa por un tiempo largo, cuando sus negocios lo llamaban desde lugares distantes. La chica quedaba sola en la casa y llevaba adelante sus asuntos.

Un día, el comerciante llamó a la muchacha y le dijo que debía volver a ausentarse del hogar por un tiempo.

–No sé cuándo volveré –dijo–. Ocúpate nuevamente de la casa, como has hecho antes. Aunque veo que ya eres lo bastante grande –se interrumpió–, de modo que en mi ausencia puedes gobernarla según tu voluntad. Toma las llaves.

La muchacha, que hasta el momento había permanecido en silencio, observando con grandes ojos las extrañas flores de colores bordadas en el traje del comerciante, alzó la vista y tomó las llaves. El comerciante la miró entonces con severidad, y dijo con tono áspero:

–Sabes bien que puedes usar las llaves sólo para las habitaciones de trabajo. Nunca caigas en la tentación de subir al piso superior. ¿Entiendes?

La chica asintió con timidez. El comerciante se inclinó hacia ella, la besó, volvió a mirarla penetrantemente, bajó las escaleras y salió de la casa. La puerta principal se cerró retumbante detrás de él.

La muchacha seguía de pie ante la escalera, observando ensoñadoramente el gran manojo de anticuadas llaves que sostenía en la mano.

SCHILLER Y GOETHE
Una visión profana

El cielo había desplegado entre los árboles una exquisita noche estival alemana. La luna brillaba discreta y sin embargo con un amarillo muy claro, como para una cita rococó. Los firuletes bajaban temblando desde los árboles hasta el oscuro musgo como tiras de confeti amarillo. En la azul oscuridad sobresalían los contornos gigantescos de la gran pirámide de la literatura. El clima estaba inquietantemente agradable.

Y ahí estaba ahora, la cumbre se recortaba contra la claridad del cielo, en las negras montañas fulguraban delicadamente luces verdes, blancas y de variados colores. E. T. A. Hoffmann resplandecía desde un peñasco de curvas barrocas, que asomaba medio volcado desde un promontorio; la luna lo iluminaba. Bien abajo se abre un oscuro portal; en la penumbra incontrolable, sus pilares parecen columnas dóricas ΙΛΙΑΣ, en una, y ΟΔΥΣΣΗΙΑ en la otra. A media altura relucía una escalera de mármol blanca. Veloz como un monito se movía sobre su silueta un delgado hombrecito, exclamando sin pausa con una voz indeciblemente aguda "Gottsched, Gottsched...", tan despacio que sólo resultaba perceptible en ese silencio como de cuentos de hadas. En la sombría profundidad se elevaba como desde un abismo un peñón yermo. Estaba desgarrado por surcos, con las grietas cubiertas de suciedad y nieve. Desde allí soplaba un áspero viento.

Sombras de reyes, mujeres tristes y, sentados en ronda delante de una cueva sobre una pequeña porción de pasto verde, unos hermosos elfos de la niebla, riéndose de un extraño león que bramaba como un hombre dentro de su pellejo trémulo. Hacia allí giré. Algo me horrorizaba en esta noche. Y me dirigí hacia la colina de la lechuza blanca. Tres veces giré en círculo, hasta echar fuego, y exclamé: "Blanquísima lechuza [*Eule*], Eulenberg, Eulenberg, blanquísima lechuza, blanquísimo Eulenberg". Primero, silencio absoluto. Luego, un suave murmullo en los árboles; más tarde percibí una débil y aguda voz desde arriba. "¡Espere!" Un señor con un bastoncito de caña bajaba del monte. Las lechuzas nocturnas chillaron y revolotearon ante sus pasos. Llevaba una levita marrón y una bella galera algo machucada. Tomó la delantera sin que hubiéramos intercambiado palabras. Empezó el ascenso, muy cómodamente en principio. Los amplios peldaños de mármol pasaban junto a abismos de los que sobresalían altos templos en ruinas, y de los que subía el triste susurro de grandes ríos. Un grueso señor estaba sentado sobre un banco contra la baranda. Se frotaba las manos a gusto, mientras sonreía disgustado. Ante él yacían una tablita de cera y un estilete. Al vernos empezó a escribir lentamente. "Horacio, el primer literato", observó la aguda voz de mi guía.

De pronto quedé perplejo. Sobre un descanso vi parado a un hombre en una gran toga llena de pliegues. Se veía que estaba hablando, hablaba de manera constante, su débil cuerpo temblaba por el esfuerzo, casi que parecía gritar, y sin embargo no se escuchaba ningún sonido, a su alrededor todo estaba vacío. Me horroricé. "Cicerón", susurró mi guía. La cómoda escalera llegó a su fin. Empezaban los caminos pedregosos, sin desbrozar. Las rocas adquirían formas curiosas, les habían crecido esbeltas flores, flanqueaban el camino pilas de escombros ante los que se elevaban muros con altas ventanas en punta. A veces el sonido de un órgano parecía alcanzar al oído. Poco después volvió la carretera despejada. Un pequeño hombrecito con una capucha gris verdosa huyó cuando nos acercamos. Mi guía se sacó rápido la galera con la intención de cubrir con ella al hombrecito, pero escapó. "Opitz –se lamentó mi guía–. Me hubiera gustado tenerlo para mi colección." Seguimos caminando largo rato por la carretera vacía. De pronto se irguió una montaña delante nuestro. Contra el cielo se veía la silueta de un hombre escribiendo. Delante tenía una hoja inmensa y su pluma era tan larga que cuando la movía parecía escribir en el cielo. "Sáquese el sombrero –observó el que iba al lado mío–. Ese es Lessing." Saludamos, pero la poderosa figura en lo alto no se inmutó. Al pie de la montaña había una densa maleza. Los árboles estaban delicadamente podados, hombres muy pequeños daban vueltas por los caminos, como autómatas vestidos de pastores y galanes. Muchos bailaban alrededor de estatuas blancas emplazadas sobre el verde. Un suave canto resonaba desde esta sociedad de muñecos bajo el claro de luna. Pero a veces hacían silencio y una voz estentórea, transida por la pena y la nostalgia y la alegría, ascendía hasta las estrellas. "¿Escucha a Klopstock?", escuché a mi guía. Asentí. "Pronto estaremos allí", dijo.

Rodeamos la montaña y ante nosotros se extendió una amplia planicie vacía y oscura, en la que sobresalían en el claro dos construcciones parecidas a templos. Asustado vi que a nuestro lado había vuelto a abrirse el profundo precipicio con sus templos en ruinas y sus correntadas zumbadoras. Una figura se movía tambaleante a lo largo del borde, se fue acercando al precipicio y finalmente se arrojó en él ante nuestros ojos. "Bien, hemos llegado –habló mi guía–. ¿Vio a Hölderlin?" Volví a asentir en silencio, dolorosamente espantado. El aire claro estaba colmado de extraños gritos. Desde el fondo sonaba fuerte y uniforme el rumor profundo y a la vez bello de los tristes ríos. El canto afligido y agudo del hombre caído parecía mezclarse con él. A nuestras espaldas oímos las zumbadoras canciones de Klopstock.

Cuanto más nos acercábamos a las dos grandes construcciones, también la claridad iba en aumento, mientras que los ruidos se iban extinguiendo. Una de ellas se alzaba, solitaria, sobre una roca alta e irregular. A la otra la rodeaba una muchedumbre. Hombres con grandes banderas y timbales y gente con plumas y papeles estaban sentados en círculo, y los gritos ascendían de la multitud. Desde los púlpitos colocados en derredor hablaban personas, gesticulando vehementemente. Algunos elevaban su voz hacia el templo: "Nuestro Schiller". Pero no vino nadie. Aquí mi guía hizo una curva y enseguida nos detuvimos frente al templo solitario. Desde las altas y amplias escaleras saltó presuroso un hombrecito contrahecho con una levita negra bien ceñida. "Ji, ji, nuestro Eckermann", se rió para sí el de al lado mío. Una mirada muy categórica y poco amistosa de mi guía lo hizo estremecerse, luego nos guió hacia arriba.

El edificio de piedra temblaba levemente bajo nuestros pies. Asombrado escuché al mismo tiempo un ruido como de lejanos retumbos. Cuanto más ascendíamos por los altos peldaños de mármol, mayores eran el temblor y el ruido. Ya no nos abandonaron. Al ingresar nos vimos rodeados por una densa oscuridad. Los tremendos ruidos, que parecían provenir no sólo de los cimientos sino también desde los costados, me estremecieron, al tiempo que sentía que en mí tenía lugar una transformación. Todos mis sentidos parecieron absorber del interior una fuerza duplicada y decuplicada. Podía ver en la densa oscuridad: sentía con los ojos. Me sentí a mí mismo en una gran habitación vacía. Por todos los costados surgieron puertas, portales y pasillos de todos los tamaños y formas. La más cercana era una puerta redonda y maciza. Estaba fuertemente atrancada con bloques de madera, entre los que se deslizaban gruesas varas de hierro. Desde el interior llegaba el sonido tormentoso de sordas campanas. Un amplio portal gótico se abrió aún más ampliamente. Detrás parecía haber un cuarto en penumbras. Desde los pasillos que desembocaban en esta pieza resonó una risa aguda. Por momentos aparecía en la curiosa iluminación la figura de un profeta bíblico, personas en fracs marrones circulaban por el cuarto con plumas y papeles, una bella y profunda voz juvenil decía "Ser o no ser". Pero más allá de eso reinaba el silencio en medio del intenso ajetreo.

En los cimientos del templo parecían habitar fuerzas magnéticas. Se avanzaba con dificultad. Delante nuestro había una serie de accesos grandes y pequeños, adornado con volutas de oro de pesado estilo barroco o imperio. Estaban cerrados, pero desde su interior resonaba, perceptible incluso en el alboroto subterráneo, una refinada música. Enfrente, a lo lejos, apareció en la luz un cuarto abierto, desde el que irradiaba su brillo un cúmulo de estatuas marmóreas.

Junto a nosotros estaba Mefisto: subía adelante por una escalera estrecha y empinada, habrán sido unos mil escalones. Nos detuvimos ante una torre del templo. Desde allí se abría una bella y clara panorámica de la tierra, que nos produjo alegría. Pero enseguida se pudo percibir un movimiento en ese cuadro liso y sereno. Se hinchó y creció. El campo parecía elevarse en grandes olas. El cielo se oscureció y se contrajo fuertemente. Era como si todo el mundo estuviera siendo tirado con una fuerza espantosa hacia este lugar. Vimos volar árboles de laurel arrancados de cuajo. Detrás nuestro reverberó la aguda risa de Mefisto.

Fuimos a parar a un estrecho pasillo que se extendía indefinidamente en línea recta. De pronto volvimos a oír la voz de Mefisto, aguda y sarcástica pero suave, sonaba como una pregunta: "¿Hacia las madres?".

EL DIOS PAN AL ANOCHECER

Sobre montes nevados y las copas de bosques bajos el anochecer había entrelazado su mágica cinta de color amarillo pálido. Las nieves de las cumbres resplandecían ambarinas. Los bosques ya estaban a oscuras. El resplandor de las alturas despertó a un hombre que estaba sentado en el bosque sobre un banco. Alzó la vista y gozó de la rara luminosidad del cielo; largamente la miró, hasta no tener más que el luminoso centelleo en sus ojos; dejó de pensar, sólo miraba. Luego giró hacia el banco y tomó el bastón que estaba apoyado en él. Disgustado se dijo que debía ir a cenar al hotel. Y bajó lentamente por el amplio camino hacia el valle. Iba mirando el camino, pues había caído la noche y las raíces sobresalían. Él mismo no sabía por qué andaba tan lento, ridículo y patético te ves con tu andar como sobre zancos por el ancho camino. Eso lo oyó decir con claridad, y con indignación. Se detuvo, obstinado, y miró hacia las cumbres nevadas. También ellas estaban ahora a oscuras. Mientras las observaba volvió a escuchar claramente dentro de sí una voz, una muy distinta, que decía: "Solo conmigo". Ese era su saludo a la oscuridad. Luego bajó la cabeza y siguió caminando: contra su voluntad. Le parecía que aún debía escuchar una voz más, que era muda y luchaba por hablar. Pero era algo despreciable... Ya se veía el valle... Desde allí subían las luces del hotel. Abajo en la gris profundidad creyó

171

ver un taller y sintió en el propio cuerpo la presión como de manos vigorosas que montaban unas sobre otras las masas de niebla, formando una torre, una catedral de la penumbra. "La catedral en cuyo interior estás tú mismo", volvió a escuchar una voz. Miró en derredor sin dejar de caminar. Pero lo que vio le pareció tan maravilloso, tan formidable... sí (muy por lo bajo lo sentía: tan horrible) que se detuvo. Vio la neblina colgando de los árboles, oyó el lento vuelo de un pájaro. Sólo los árboles más próximos seguían ahí. Por donde había venido ya se extendía algo distinto, gris, que incluso cubría sus pasos, como si nunca los hubiera dado. Entendió: así como él andaba por ahí, un otro andaba por el bosque; reinaba un hechizo que no dejaba desaparecer al viejo, sino que formaba nuevos espacios y sonidos ajenos a partir del conocido. Desde un canto mudo una voz más clara que antes recitó la rima: sueño y leño.

Al escuchar esto tan fuerte y repentinamente, volvió en sí. Sus ojos se aguzaron, quería ver con nitidez: "con sensatez", alertó la voz. En camino fijó la vista, estableciendo diferencias hasta donde le fue posible. Allí una pisada, una raíz, musgo, un manojo de pasto y una gran piedra al margen del camino. Pero un nuevo miedo lo sobrecogió: por muy agudamente que mirara, no era como antes. Y cuanto más aunaba sus fuerzas para mirar, más extraño se volvía. La piedra allí junto al camino creció, parecía hablar. Cambiaron todas las relaciones. Lo individual se transformó en paisaje, en gran cuadro. Se desesperó por huir de todo eso, recuperar la lucidez en el horror. Tomó una gran bocanada de aire y alzó al cielo una mirada decidida y controlada. Qué extrañamente frío estaba el aire, qué claras y cercanas las estrellas.

¿Gritó alguien? "El bosque", resonó estridente en sus oídos. Miró el bosque... Penetró corriendo, se golpeó con todas las ramas, pero había que seguir, adentrarse en la niebla, donde debía estar... donde había alguien que hacía todo distinto, que había creado la horrorosa noche en el bosque. Un leño lo hizo tropezar.

Tendido en el piso lloró de miedo, como un niño que siente acercarse en sueños a un hombre desconocido.

Después de un tiempo se calmó. Salió la luna y la claridad recortó las oscuras ramas en la neblina gris. Entonces se recuperó y volvió a casa.

EL HIPOCONDRÍACO EN EL PAISAJE
SÓLO PARA MAYORES. NERVIOSOS, ¡CUIDADO!

Sobre el paisaje pendían nubes de tormenta, que promueven en la gente joven aquel específico temor a las tempestades que los médicos conocen bajo un nombre latino. Se trata de un paisaje de montaña suave-espantoso. El sendero era empinado y cansador, el aire muy caliente y reinaba una temperatura elevada. Un hombre canoso en la madurez de sus años y un jovencito se movían a través del silencio como puntos mudos. Transportaban una camilla vacía. De tiempo en tiempo el joven echaba una mirada a la camilla para enfermos y sus ojos se llenaban de lágrimas. No mucho después un canto triste brotó desde su boca y resonó lloroso desde las laderas de la montaña, multiplicado por mil. "Aurora, aurora, iluminaste mi muerte madrugadora". Sangrientos relámpagos coloreaban el cielo a lo lejos: el canto se interrumpió súbitamente y lo siguió un débil gemido. "Permítame un momento", dijo el joven al viejo, apoyó la camilla en el piso, se recostó, cerró los ojos y juntó las manos.

Volvemos a encontrarlo en lo alto del paisaje. Había allí una ruina, invadida por el verde de la naturaleza. El viento y la tormenta zumbaban aquí con más furia que en cualquier otro sitio. El lugar estaba hecho para el goce de todo tipo de sufrimientos... Se había puesto especial atención en la melancolía vespertina, que tiene lugar entre las 7 y las 8. Un valle ubicado a la sombra del sol poniente demostró ser el

sitio apropiado. También había a mano una cajita con anteojos negros y azul oscuro, capaces de transformar la melancolía en horror y de aumentar la fiebre crepuscular de 37 a
40 grados. Con luna llena, 40 grados era la temperatura
mínima y por eso se izaba la bandera que indicaba peligro
de muerte.

En las bellas noches estivales se practicaba el insomnio.
Al paciente igual se lo despertaba a las 5 para el primer diag-
nóstico matinal. Lunes y viernes por la mañana se hacían
diagnósticos de nerviosismo, los domingos, de problemas
digestivos nocturnos. Inmediatamente después tenía lugar
una sesión de 6 horas de psicoanálisis. Luego hidroterapia,
que por la frialdad del agua en casi todas las estaciones del
año se aplicaba de manera telepática. Al mediodía tiene lugar una pausa. Se la consagra a consultas telefónicas con
expertos europeos y a imbuirse teoréticamente acerca de
enfermedades hasta el momento no alcanzadas.

La comida se consume en bacilóferos desinfectados quími-
camente bajo irradiaciones de éter y alcanfor. El médico vigila
el proceso con un fusil cargado a fin de eliminar cualquier tipo
de ataque por parte de los bacilos. Tras analizar si portan
enfermedades, se los rocía con agua caliente, se los disecciona
anatómicamente y se los mata. Se incorporan o bien a la mesa
de la cena, o bien a las salas de exposición de la biblioteca, que
abarca el índice, la descripción, el peligro y la curación de
todas las enfermedades ya superadas por los pacientes.

Cuando se cumplen 25 años de una enfermedad, se edi-
tan monografías en volúmenes de lujo con tomas de cinema-
tógrafo. La biblioteca está abierta para los pacientes todos
los días de 4 a 5 y sirve ante todo para estimular a que sufran
nuevas enfermedades.

Después de la comida, médico y paciente organizan en el
parque del sanatorio una caza de bacilos. A menudo ha ocu-

rrido que el paciente recibe una bala por error. En estos casos, mientras el herido cae al piso, se prepara un campamento sencillo con musgo y hojas del bosque. En los huecos de los árboles hay vendajes a disposición.

Todo está previsto. Si el médico se enferma, hay una sala de operaciones automática, cuyos robots realizan todo tipo de intervenciones luego de que se les arroje de 3 a 20 centavos. La posición inferior, de 3 centavos, concierne a las sonadas químicas de nariz, por 20 centavos se consiguen operaciones con riesgo de muerte.

Una tarde tuvo lugar una charla seria y a solas. A la mañana siguiente, el médico partió en un viaje de estudio clínico de las enfermedades más novedosas.

LA MAÑANA DE LA REINA

Las personas sanas deben visitar los libros de los poetas, para así sentir la vida en su predominio indiviso y profundo, aunque de objetivos incomprensibles, tal como la sintió aquella convaleciente reina de México la mañana del tercer día de primavera del año 18... La habían traído al castillo hacía más tiempo del que nadie se tomaba ya el trabajo de calcular. ¿Quién pensaba en que estaba enferma? No lo creían ninguno de sus súbditos ni sus criadas, que llevaban en el castillo una vida aburrida y rara vez disoluta. Para ellos era una persona cuyo bello cuerpo envejecido requería todas las atenciones que dispensan los sirvientes. La querían por su magnificencia. Los campesinos de las inmediaciones del castillo Drux contaban historias de esta reina, que en rigor no era del país, que sólo debía morir en aquel amplio castillo que se erguía en la planicie holandesa.

Pero la reina no pensaba en la muerte, ni tampoco sentía la vida que se agitaba a su alrededor, de modo que se la puede llamar una melancólica. Todas las tardes, cuando el sol se ponía, volvía a plantearse la pregunta que la desvelaba, como alguien que sale a recorrer amplios caminos en el crepúsculo. Era una pregunta secreta, y aunque la reina se la había comunicado a gente de su entorno, sólo había recibido respuestas evasivas, excusas incomprensibles, casi enojosas, de modo que había ido descendiendo cada vez más con su pregunta, de la dama de compañía a la doncella de cámara, de la doncella al encargado de las caballerizas, luego al cocinero, finalmente a los niños. Y aunque los niños parecían entender su pregunta, ella entendía el lenguaje de los niños tan poco como el del trueno, aun cuando con frecuencia le había rogado a Dios, arrodillada sobre el taburete delante de la ventana. En el sótano del castillo había una despensa, oscura y repleta de botellas de vino, allí fue donde la reina se había debatido más profundamente con su pregunta. Encorvada su alta figura por los bajos techos había construido una balanza de hilos retorcidos y pequeñas escudillas de metal. Consideraba que esa balanza era buena y lo suficientemente precisa como para medir el peso del mundo. Esa era su pregunta.

EL AVIÓN[19]

Las vacías mesas de mármol reflejaban las luces de los faroles. Günter Morland estaba sentado frente a un café. El jugo de granadina frío le hacía doler los dientes. Desde adentro llegaba el ruido de los violines, como si unas agudas voces mentales se precipitaran irritadas sobre un objetivo.

–Por qué dormiste con una mujer, era una niña, era una ramera. Ay, Günter, eras puro.

Una anciana daba complicadas vueltas buscando lugar entre las sillas vacías. Günter observó tensionado su pequeño cuerpo. Se le podría haber retorcido el cuello, tan delgada era. Al momento de pagar, el camarero lo engañó.

Se deslizó dentro de la corriente humana del boulevard. Cada tarde el cielo lucía lechosamente marrón, los pequeños árboles estaban negros y los portales de los salones de entretenimiento resplandecían. Sentía fascinación por las tiendas de los joyeros. Se paraba delante de las vidrieras, el puño dorado de su bastón apoyado contra las caderas. Minutos enteros observó los sombreros de una modista, imaginándolos sobre las cabezas de mujeres maquilladas.

Le llegó una corriente de perfume, que provenía de cuatro mujeres. Se abrían paso entre los transeúntes y Günter las siguió sin disimulo. Señores bien vestidos las seguían con la mirada, los vendedores de diarios las llamaban con chillidos. Un farol se encendió con un zumbido e hizo resplandecer

181

el rubio cabello de una flaca. Se apretaron entre sí. Al girar, Günter se les acercó de frente con paso bamboleante. Las muchachas rieron. Pasó tieso a su lado y una deslizó el brazo en su dirección, haciéndolo sonrojar. Súbitamente su figura apareció en el claro de un espejo, en el que se reflejaban las luces. La cinta verde brillaba, bien puesta en su sitio. Pero él se vio descompuesto en medio de las luces. Los brazos estaban asentados flojamente en las articulaciones. Su rostro parecía aplastado y rojo y los pantalones caían con profundos pliegues. El pudor había invadido todos los miembros de su cuerpo al mismo tiempo. En el fondo del espejo surgió un desconocido. Günter huyó con la cabeza gacha.

Las calles se fueron vaciando, las voces sonaban más agudas, sobre todo porque ya estaba oscuro. Günter Morland se asombró de que en esas veinticuatro horas aún no lo hubiera asaltado ninguna enfermedad consuntiva. Esquivaba alevosamente a las personas, pero sin perderlas de vista.

Hacia las once de la noche se encontró en una plaza y notó a una multitud mirando al cielo con las cabezas en alto. En el círculo de luz por encima de la ciudad volaba un aeroplano, negro y dinámico en la bruma rosácea; parecía oírse su suave rumor, pero el avión permanecía invisible. Seguía una trayectoria recta casi sin acelerar. La superficie negra en el cielo estaba en calma.

Al darse vuelta, Günter tuvo primero que aguzar la mirada para percatarse de la presencia de la ramera con la que había dormido. No notó la mirada de sus ojos infantiles mientras la tomaba del brazo con seguridad.

LA SIRENA[20]

(FRAGMENTO)

Se habla de gente que se llevó su secreto a la tumba. No faltó mucho para que el capitán G. fuera uno de ellos. Quiso su mala suerte que no se guardara su secreto. El que ame los juegos de palabras podría decir que su infortunio fue no mantener en secreto este infortunio, aun cuando se lo había jurado en su interior.

Ya no era joven cuando se dejó llevar por primera y última vez. Fue en el puerto de Sevilla. Sevilla queda sobre el Guadalquivir, que es navegable hasta aquel puerto. Claro que sólo para tonelajes pequeños, a lo sumo medianos. Pero el capitán G. nò había llegado más que hasta el mando del *Westerwald*, que tenía una capacidad de dos toneladas y media. El *Westerwald* tenía su nivel de flotación medio metro por encima del agua. Vigas de hierro para Marsella y 700 toneladas de amoníaco para Orán constituían su carga; Claus Schinzinger era el nombre del único pasajero.

Lo más llamativo de este pasajero era el esmero que ponía en presentarse en el comedor de los oficiales para cada comida con una pipa distinta, que sacaba a relucir hasta donde fuera compatible con los buenos modales. Tal vez su considerable provisión se había agotado tras los doce días de viaje, que lo habían llevado desde Cuxhaven hasta Sevilla. Como sea, era de una planta poco vistosa, casi una colilla de cigarro, de donde subía ahora el ondulante humo, mientras

Schinzinger escuchaba ensoñadoramente una historia. Pero los ojos semicerrados sólo ponían de manifiesto que toda su alma se había retirado a escuchar. Pues Schinzinger (y ese fue tal vez el infortunio del capitán) era un gran oyente.

En efecto, había que poseer la discreción y la misantropía de G. para mantener la relación con este pasajero tan estrechamente dentro de los límites de las convenciones, como había ocurrido durante la travesía. Schinzinger, por su lado, no parecía haber esperado ninguna amistad en absoluto, pero su forma de asumir sin desconcierto las pausas más largas durante las conversaciones demostraba con creces que era un oyente nato. Ahí estaban entonces sentados los dos, capitán y pasajero, por primera vez en mucho tiempo junto a una mesa sobre la que el vino en los vasos no se balanceaba. Era una tarde tranquila. Ninguna brisa movía las copas de las palmeras en el gran parque que rodea a Sevilla como un cinturón. Y el *Westerwald* en el puerto yacía tan en calma como la sólida glorieta desde la que se servía a los huéspedes en las mesas escondidas entre los arbustos. Eran pocos, dicho sea de paso. Y la mayoría de ellos había sido lo bastante inteligente de traer mujeres, de modo de poder trasmutar la melancolía de una música española en el ritmo de sus pasos y de sus hombros.

Schinzinger y su compañero no tenían esta salida. ¿Y cómo habían llegado hasta allí, a todo esto? Ni cinco minutos habían pasado sentados el uno frente al otro que Schinzinger ya se había hecho esa pregunta. No es que tuviera otra cosa que hacer, mucho menos algo mejor. Era un hombre que ya había pasado los cincuenta y los alojamientos de mala fama de las ciudades portuarias ya no tenían para él ni secretos ni atractivos. Con todo, una cosa le parecía probable: si ellos (G. y él) hubieran estado sentados a la mesa cada uno por separado en dos puntas distintas de la ciudad, sus corazones habrían estado más a gusto. Apenas si había logrado complicar lo máximo posible las deliberaciones que precedieron a la elección del mavrodaphne, que la conversación ya se había desvanecido.

–¿Vino griego? Pues bien, como quiera –había sido lo último que había dicho G., para agregar tras una pausa inusualmente breve–: ¿Conoce usted Wilhelmshaven?.

Schinzinger sintió entonces que hacía ya una eternidad que se encontraba en esa ciudad con sus infinitos astilleros, las horribles casuchas de los obreros, las grúas y las hileras rectas y largas de casas despobladas, con el fin de interiorizarse cada vez más acerca de la lozana felicidad que al hombre de ahí enfrente, en ese entorno desolador, le había procurado su matrimonio con Elsbeth.

[...]

Unas semanas más tarde, G. partió, nuestra clase vespertina de ingeniería mecánica se trasladó a bordo del *Olga*, que en aquel entonces se suponía que era el barco petrolero más moderno de la marina alemana. La organización de nuestra hora lectiva dejó que desear. No se había tenido en cuenta que al mismo tiempo se encontraba a bordo una comisión examinadora de la Asociación de control de calderas del norte de Alemania, con el objetivo de inspeccionar el barco para la Aseguradora Sternsche. El ingeniero principal de la comisión comandaba las maniobras, mientras que nuestra clase esperaba toda junta en la popa. La hora de instrucción que habíamos perdido entre risas y parloteos se acercaba a su fin, cuando se alzaron voces en medio del barco y surgió un movimiento. Entendimos que algo había pasado. Yo, que en aquel entonces buscaba cualquier oportunidad para mostrar mis conocimientos técnicos, me dirigí al primer maquinista. Y, en efecto, había tenido lugar un incidente.

AGESILAUS SANTANDER

AGESILAUS SANTANDER[21]

PRIMERA VERSIÓN

Cuando nací, mis padres tuvieron la idea de que tal vez yo podría ser escritor. Sería bueno, entonces, que nadie notara de inmediato que era judío. Por eso, además del nombre con el que me llamaban, me dieron otros dos muy inusuales. No quiero revelarlos. Baste decir que hace cuarenta años difícilmente mis padres habrían podido ver más lejos. Lo que ellos creían que era una remota posibilidad, se cumplió. Sólo que sus precauciones, que habían querido prevenir el destino, fueron anuladas por el implicado. En lugar de hacer públicos con sus escritos los dos nombres precavidos, se los guardó para sí. Veló sobre ellos como los judíos de antaño lo hacían sobre los nombres secretos que le daban a cada uno de sus hijos. No les eran revelados hasta el día en que alcanzaban la mayoría [*Mannbarwerden*].[22] Pero dado que esta puede alcanzarse más de una vez en la vida y también, quizás, que el nombre secreto no permanece siempre idéntico e inmutable, su cambio podría manifestarse con otra mayoría. Por ello, sin embargo, no dejaría de ser el nombre que contiene todas las fuerzas vitales, por medio del cual son invocadas y protegidas contra los que no fueron llamados.

Sin embargo, ese nombre no supone ningún enriquecimiento para el que lo lleva. Lo priva de muchas cosas, pero sobre todo del don de parecerse por completo al que era. En el último cuarto en el que viví, fijó su imagen en mí el que saliera a la luz armado y acorazado con el antiguo nombre: Nuevo Ángel. La Cábala cuenta que a cada instante Dios crea un inmenso número de nuevos ángeles cuyo único designio, antes de disolverse en la nada, es cantar por un momento su Alabanza ante su Trono. Sin embargo, el mío había sido interrumpido: sus rasgos no tenían nada de humano. Por lo demás, me hizo pagar por haber interferido en su obra. En efecto, aprovechando la circunstancia de que nací bajo el signo de Saturno –el planeta de la rotación lenta, el astro de la vacilación y de la demora– envió su forma femenina a unirse a la forma masculina de la imagen, por medio del más largo y fatal rodeo, aun cuando ambas hayan estado tan próximas.

Tal vez no sabía que de ese modo daba valor a la fuerza de aquel al que atacaba. Pues no hay nada que pueda vencer mi paciencia. Sus alas se parecen a las del Ángel en cuanto que le basta muy poco impulso para permanecer inmóvil ante el rostro de aquella persona a la que está decidido a esperar. Sin embargo, aun cuando tiene garras como el Ángel y alas filosas como un cuchillo, no hizo gesto alguno para lanzarse sobre aquella que ha visto a lo lejos. Aprende del Ángel cómo circundar con la mirada a su compañera, para retroceder de súbito con un empuje irrefrenable. Lo arrastra en ese vuelo hacia un futuro, desde el cual él había avanzado. Nada nuevo espera de él, como no sea la mirada humana de la que sigue pendiente.

Así yo, apenas te vi por primera vez, regresé contigo hacia el lugar de dónde venía.

Ibiza, 12 de agosto de 1933

AGESILAUS SANTANDER
SEGUNDA VERSIÓN

Cuando nací, mis padres tuvieron la idea de que tal vez yo podría ser escritor. Sería bueno, entonces, que nadie notara de inmediato que era judío. Por eso, además del nombre con el que me llamaban, me dieron otros dos nombres, inusitados, de los cuales no podía advertirse ni que era un judío el que los llevaba, ni que eran sus nombres propios. Unos padres, hace cuarenta años, no podrían haber visto más lejos. Lo que creían que era sólo una remota posibilidad, se cumplió. Sólo que sus precauciones, que habían querido prevenir el destino, fueron dejadas de lado por aquel al que le concernían. En efecto, en lugar de volverlos públicos a través de los escritos que componía, actuó como lo hacían los judíos con los nombres adicionales dados a sus hijos, que permanecían secretos. De hecho, ellos mismos se los comunicaban cuando alcanzaban la mayoría. Ahora bien, como alcanzar esta mayoría puede ocurrir más de una vez en la vida, y acaso porque sólo para un hombre piadoso el nombre secreto permanece idéntico e inmutable, para aquel que no lo es, en cambio, su transformación puede manifestarse de golpe con otra mayoría. Así fue mi caso. Pero no por ello el nombre deja de mantener unidas estrechamente las fuerzas vitales, a las cuales es necesario proteger contra aquellos que no han sido llamados.

Sin embargo este nombre no supone ningún enriquecimiento para el que nombra. Al contrario, mucho de su imagen se desvanece cuando el nombre se vuelve audible. Sobre todo, pierde el don de tener apariencia humana. En el cuarto en el que viví en Berlín, fijó su imagen sobre la pared el que armado y acorazado con el antiguo nombre saliera a la luz: Nuevo Ángel. La Cábala cuenta que a cada instante Dios crea un inmenso número de nuevos ángeles cuyo único designio, antes de disolverse en la nada, es cantar por un momento la Alabanza a Dios ante su Trono. Como uno de esos ángeles, el Nuevo se presentó antes de que quisiera nombrarse. Sólo temo haberlo apartado de su Himno un tiempo abusivamente largo. Por lo demás, me hizo pagar por haber interferido en su obra. En efecto, aprovechando la circunstancia de que nací bajo el signo de Saturno –el astro de la lentísima rotación, el planeta de los rodeos y las demoras– envió su forma femenina a unirse a la forma masculina de la imagen, por medio del más largo y fatal rodeo, aunque ambas, alguna vez –cuando aún no se conocían– hayan estado tan próximas.

Acaso desconocía que la fuerza de aquella a la cual quería acosar, podría mostrarse mejor de este modo: esperando. Allí donde este hombre hallaba una mujer que lo fascinaba, de inmediato se decidía a acecharla en su camino vital y esperarla hasta que, enferma, envejecida, con sus vestidos hechos jirones, ella cayera en sus brazos. Nada podría debilitar la paciencia de este hombre. Y sus alas se asemejaban a las alas del Ángel, en cuanto que le bastaba muy poco impulso para permanecer durante mucho tiempo inmóvil ante el rostro de aquella persona a la que ya estaba decidido a no dejar jamás.

Pero el Ángel se asemeja a todo aquello de lo que debí separarme: las personas y, sobre todo, las cosas. Él habita en las cosas que ya no tengo. Las hace transparentes y, detrás de cada una de ellas, se me aparece aquello a lo cual estaban destinadas. Por eso nadie me supera en dar regalos. Por cierto, tal vez el Ángel se vio atraído por alguien que da regalos y se va con las manos vacías. Pues él mismo, que tiene garras y alas punzantes, filosas como un cuchillo, tampoco hizo gesto alguno para lanzarse sobre aquello que ha visto a lo lejos. Mira fijamente a los ojos durante un largo tiempo, pero luego retrocede con un empuje inexorable. ¿Por qué? Para arrastrarlo consigo hacia ese camino al futuro, del cual ha venido, y que conoce tan bien como para atravesarlo sin darse vuelta ni apartar la vista de lo que ha elegido. Quiere la felicidad: el conflicto que al éxtasis de la única vez, de lo nuevo, de lo aún no vivido, opone la dicha de lo que es otra vez, de lo recobrado, de lo ya vivido. Por eso él no puede esperar ningún camino hacia lo nuevo como no sea el del regreso a casa, cuando se lleva consigo a un nuevo ser humano. Tal como yo, que apenas te vi por primera vez, regresé contigo al lugar de donde venía.

Ibiza, 13 de agosto de 1933[23]

NOTAS DE EDICIÓN

[1] *"Stille Geschichte (Erzählt gelegentlich des Geburtstages meiner Mutter)"*. La escritura de la historia puede ser fechada en 1911 o en 1912: tal vez en el otoño, si se la vincula directamente con la dedicatoria, ya que la madre del autor, Pauline Schönflies, nació en octubre de 1869 o de 1870. Benjamin no publicó este relato.

[2] *"Der Tod des Vaters. Novelle"*. Mencionado en las cartas del año 1913 a Herbert Belmore, como fue consignado en el prólogo, este relato es el primero al cual Benjamin llama formalmente *"Novelle"*, que mecanografió y corrigió a mano, a diferencia de los textos escritos con anterioridad, tentativos, que pueden considerarse fragmentarios. La segunda *Novelle* prometida al mes siguiente, cuyo tema sería la prostitución, acaso no fue escrita o, en su defecto, se ha perdido. Benjamin no publicó este relato.

[3] *"Palais D...y"*: publicado en *Die Dame*, Berlín, 3 de junio de 1929.

[4] *"'Dem Staub, dem beweglichen, eingzeichnet'. Novelle"*. El texto data de 1929, pero no fue publicado por Benjamin. Los responsables de la edición del tomo VII de los *Gesammelte Schriften* de Walter Benjamin, Rolf Tiedemann y Hermann Schweppenhäuser, rectifican la ubicación del texto que realizó el editor del tomo IV, Tillman Rexroth. Señalan que Benjamin alude a este relato como terminado hacia el otoño de 1929, en una carta a Scholem del 1 de noviembre de 1929. Pero además registran el anuncio de la lectura radial de dicho relato en el periódico de la Radiodifusión del Sudoeste Alemán, con sede en Frankfurt, programada para el día 16 de diciembre de 1929 entre las 18.35 y las 19 horas. Se sabe que entre 1929 y 1932 Benjamin dio con regularidad charlas literarias radiofónicas en Frankfurt. Aquí vuelve a usar la denominación *Novelle*. Con "Rimas trazadas en el polvo móvil", un verso endecasílabo, recreamos el ritmo del título original: *"Dem Staub, dem beweglichen, eingezeichnet"*, literalmente: "en el polvo móvil, trazadas" o "inscritas en el polvo móvil". Se trata de la quinta línea del poema *"Nicht mehr auf Seidenblatt..."*, de Johann Wolfgang von Goethe, incluido póstumamente en la sección VIII, "Libro de Zuleika", de *El Diván de Oriente y Occidente* (*West-östlicher Diwan*,

1819-1827), cuyos versos iniciales dicen: "*Nicht mehr auf Seidenblatt / schreib' ich symmetrische Reime, / nicht mehr fass'ich sie / in goldne Ranken: / dem staub, dem beweglichen, eingezeichnet, / überweht Sie der Wind, aber die Kraft besteht, / bis zu Mittelpunkt der Erde / dem Boden angebannt*" ("Ya no escribiré en hojas de seda / simétricas rimas, / ya no las ceñiré / en pámpanos dorados: / trazadas en el polvo móvil / el viento las borra, pero su fuerza resiste, / desde el suelo conjuradas / hasta el centro de la tierra"). Así, el verso del título se relaciona directamente con la frase final de este relato: "Miré meditativo los signos, que estaban borroneados en el polvo, a nuestros pies. Y el verso imperecedero pasó majestuoso por la bóveda de esta historia como a través de un portal".

5 "*Myslowitz-Braunschweig-Marsella (Die Geschichte eines Haschisch-Rausches)*. Publicado en *Uhu*, Berlín, noviembre de 1930.
Esta historia proviene del protocolo que Benjamin tomó acerca de su consumo de haschisch la noche del sábado 29 de setiembre de 1928 (y de otros fragmentos del protocolo de su médico Ernst Joël respecto de un intento anterior, en mayo de 1928), que sería la base de su crónica "Haschisch in Marsella" –luego traducida al francés y publicada en *Cahiers du Sud*, 22, 1935. Todos los textos –protocolos, testimonios, crónicas y relatos– sobre la experiencia del consumo de haschisch y mescalina por parte de Benjamin fueron recopilados en *Über Haschisch* (Suhrkamp Verlag, Frankfurt am Main, 1972). Hay traducción al español: *Haschisch*, Madrid, Taurus, 1974. Coincidimos con el traductor de ese libro, Jesús Aguirre, al adoptar la grafía *haschisch* para ese vocablo de origen árabe, tal como lo utiliza Benjamin, o más afín al *hachisch* de Baudelaire, en lugar de *hachís*. Escribe Aguirre: "sabemos muy bien que el *Diccionario de la Lengua Española* reconoce el término 'hachís'. Empleamos, sin embargo, la ortografía con '*sch*', que fonéticamente nos parece sugerir mejor el viaje a otros 'paraísos'. En cambio, 'hachís' nos recuerda en la pronunciación invariable, grotescamente, los apuros del estornudo".

6 "*Die Fahrt der Mascotte*". A juzgar por el papel utilizado y la tinta de los tapuscritos (textos mecanografiados) con las correcciones hechas a mano por Benjamin, esta historia fue escrita muy cerca de las dos siguientes, "El pañuelo" y "Noche de partida". Hay otra versión con el título ligeramente modificado: "El viaje del *Mascot*". Responde a la referencia de la historia sobre el *Mascot* que se halla en el fragmento referido al viaje de Benjamin a bordo del barco *Ciudad de Valencia*, que se realizaba entre Barcelona e Ibiza, en su diario de viaje "España 1932". En consecuencia, estos relatos no fueron escritos antes de esa fecha. "España 1932" fue recopilado en los escritos autobiográficos de los *Gesammelte Schriften*, VI. Hubo una prolija edición francesa: *Écrits autobiographiques*, Paris, Christian Bourgois, 1990, con las profusas notas de la edición original. Idéntico criterio adoptaron los editores españoles: *Escritos autobiográficos*. Introducción de Concha Fernández

Martorell y traducción de Teresa Rocha Barco, Madrid, Alianza editorial, 1996.

7   "*Das Taschentuch*". Publicado en el *Frankfurter Zeitung*, el 24 de noviembre de 1932. El tapuscrito, con correcciones a mano, no es anterior a 1932, ya que pueden hallarse algunos fragmentos en el texto sobre el viaje en el *Ciudad de Valencia* registrado en "España 1932", que acaso originaron este relato, tal vez escrito en Ibiza entre abril y junio de ese año.

8   "*Der Reiseabend*". En "España 1932" se anuncia, al comienzo de un fragmento, lo siguiente: "Acerca de la honestidad de los nativos y acerca de lo contrario. Dos historias". Y luego se narra sólo una, aquella en la que se basa este relato, mecanografiado y completo como para ser publicado hacia 1932, aunque Benjamin no lo hizo.

9   "*Die Kaktushecke*". Publicado en el *Vossischen Zeitung*, suplemento de ocio, el 8 de enero de 1933. Benjamin le envía este relato y "El pañuelo" a Gershom Scholem en una carta del 15 de enero de 1933, con el siguiente comentario: "Si desde el abismo de mi ignorancia, del cual he colonizado cada palmo de terreno, tampoco puede nacer un juicio, debes saber que los rayos de tus interpretaciones [sobre la Cábala] pudieron penetrar incluso en él. Cuando no es así, debo contentarme con una ciencia oculta y fina como la tela de araña; así, en realidad, ahora estoy a punto de echar un vistazo a la bibliografía correspondiente para elaborar un programa radiofónico sobre espiritismo. No sin antes haber creado, por cierto, de manera totalmente alevosa y para mi propio placer, una teoría sobre el asunto, la cual tengo intención de contarte ante una botella de borgoña en alguna noche lejana. Te ruego que imagines algunas de mis nuevas piezas –como "El pañuelo" o el breve "La cerca de cactus"– como piezas surgidas de motivaciones muy parecidas a las de este mismo 'espectáculo de los espíritus' [*Geisterrevue*]. Te las envío sólo para honrar tu archivo y en demérito mío" (*Cartas de la época de Ibiza*. Edición de Vicente Valero; traducción de Germán Cano y Manuel Arranz, Valencia, Pre-textos, 2008). El 25 de junio vuelve a mencionar el relato en una carta a su amiga Inge Buchholz, cuando se refiere a "la tarde en la que te leí el fragmento del relato 'La cerca de cactus'". En nota al pie, el editor de las cartas de Ibiza, escribe: "La figura central de este relato es Ire O'Brien; a un irlandés del mismo nombre Benjamin había podido conocer allí según los recuerdos de Jean Selz: 'El irlandés O'Brien que, solo con su mujer, dio la vuelta al mundo a bordo de un velero que parecía un galeón del siglo XVIII". Aunque efectivamente el protagonista del relato se llama O'Brien, de quien nos habla Benjamin en sus páginas es de Jokisch, un excéntrico alemán, marino y aventurero retirado que vivía en el pueblo de San Antonio desde finales de los años veinte, en cuya casa estuvo Benjamin durante su estancia de 1932, tal como él mismo cuenta en su diario 'España 1932'". La conjetura parte de que en ese diario Benjamin

habla de los afanes de Jokisch con los lagartos y de que vivía allí hace veinte años, mientras el O'Brien del relato también habitaba allí hacía dos décadas y cazaba lagartos. Se trata de una ficción, que bien pudo fusionar a ambos marinos aventureros conocidos en San Antonio. Benjamin utiliza varios vocablos y expresiones en español, que se transcriben en bastardilla.

10 *"Geschichten aus der Einsamkeit: Die Mauer – Die Pfeife – Das Licht"*. Las tres breves historias, mecanografiadas y con correcciones a mano de Benjamin, habrían sido compuestas, según testimonio de Gerschom Scholem, entre 1932 y 1933, pero no fueron publicadas. Este orden, señala el editor de *Gesammelte Schriften*, IV, no puede ser asegurado. De hecho, el último texto, "La luz", debió haber sido el segundo de otra serie de relatos, "[B] - Historia de un amor en tres etapas": 1. "Su interpretación del sueño con el criado"; 2. "La luz" y 3. "Sueño del tulipán", que Benjamin dedicaría a Annemarie 'Toet' Blaupot ten Cate, la joven pintora y traductora holandesa con la cual tuvo un breve vínculo amoroso, iniciado en Ibiza durante el verano de 1933 y finalizado tal vez hacia 1935, y a la cual llama [B]. Y en su apunte agregó otros dos textos posibles de la misma serie, como "otro material": "Agesilaus Santander" y "El primer encuentro". Los únicos textos escritos de este proyecto vinculados con la historia de amor de [B.] son "La luz" y "Agesilaus Santander".

11 *"Vier Geschichten: Die Warnung – Die Unterschrift – Der Wunsch – Der Dank"*. Los cuatro textos aparecieron juntos o por separado en diversas publicaciones. Bajo el título "Chinoiserie" fue publicada "La advertencia" en el *Kölnische Zeitung*, el 22 de julio de 1933, bajo el seudónimo Detlef Holz. En la carta del 25 de junio de 1933, en la cual ofrece este artículo al periódico, dirigida a Max Rychner, indica: "Mis colaboraciones se firmarían bajo el seudónimo que usted encontrará al principio del manuscrito que se adjunta y que en algún sitio que otro ya ha superado la prueba con todos los honores" (*Cartas de la época de Ibiza*, ed. cit.). Benjamin utilizó ese seudónimo para protegerse por su condición de judeo-alemán, luego del decreto de nazificación o *Gleichshaltung*, dictado por Adolf Hitler a partir de marzo de 1933, para ejercer el control total de la sociedad. Las "Cuatro historias" fueron publicadas en el *Prager Tagblatt*, el 5 de agosto de 1934. Bajo el título "Dos historias", fueron publicadas "La firma" y "El agradecimiento" en el *Frankfurter Zeitung*, el 5 de setiembre de 1934, bajo el seudónimo Detlef Holz. "La advertencia" también fue publicada en el *Basler Nachriten*, el 26 de setiembre de 1935. "La firma" —que tuvo como modelo una de las *Historias y anécdotas* de Alexander Pushkin— aparece al inicio del ensayo que Benjamin dedica a Franz Kafka, en el décimo aniversario de su muerte, en la sección "Potemkin". Asimismo, la historia "El deseo", de la tradición jasídica, aparece al comienzo de la sección "Sancho Panza", del mismo ensayo. Ernst Bloch también utili-

zó algunas de estas historias: por ejemplo "La firma de Potemkin" aparece en su *Huellas (Spuren*, Berlín, 1930).

12 *"Auf die Minute"*. Publicado en el *Frankfurter Zeitung*, el 6 de diciembre de 1934, bajo el seudónimo Detlef Holz. Se inspira seguramente en las charlas literarias radiofónicas que Benjamin realizó en la Radiodifusión del Sudoeste Alemán, con sede en Frankfurt, entre 1929 y 1932.

13 *"Gespräch über dem Corso (Nachklänge vom Nizzaer Karneval)"*. Publicado en el *Frankfurter Zeitung*, el 24 de marzo de 1935, bajo el seudónimo Detlef Holz. En esta narración hay una referencia al relato o *novelle* incluido en el Libro III, capítulo VI de *Los años de viaje de Wilhelm Meister (Wilhelm Meisters Wanderjahre, oder Die Entsagenden*, 1821) de Johann Wolfgang von Goethe –la continuación de *Los años de aprendizaje de Wilhelm Meister* (1795-1796)–. Se refiere a la historia de un hombre enamorado de una dama misteriosa que lleva un cofre, aparece y desaparece y, en fin, cierto día, al mirar por una hendija del cofre, la descubre en su interior: ella es una diminuta Princesa, de la raza del rey Eckwald que tiene el poder de agrandarse para regresar al mundo y habita un reino en miniatura. Desde los años veinte Benjamin se refiere a esa *novelle* y la menciona ya en ensayo de *"Las afinidades electivas*, de Goethe" (*Goethes Wahlverwandtschaften*, 1922): "la bienaventuranza en lo pequeño, que Goethe más adelante hiciera único motivo de 'La nueva Melusina'" (*Dos ensayos sobre Goethe*. Traducción de Graciela Calderón y Griselda Mársico. Barcelona, Gedisa, 1996). Asimismo eran muy populares en Alemania los cuentos infantiles de Heinrich Hoffmann, *Struwwelpeter* (1845, *Pedro el Desgreñado* o *Pedro Melenas*) y de Wilhelm Busch, *Max und Moritz, eine Bubengeschischte in sieben Streichen* (1865, *Max y Moritz, una historieta en siete travesuras*), ambos escritos en verso y con deliciosos dibujos de sus autores, con cierto humor negro e hiperbólico, sobre los cuales Benjamin escribió en la reseña "Comienzos florecientes" (*"Grünende Anfangsgründe"*, 1931): "es exagerado el *Struwwelpeter*, también es exagerado *Max y Moritz* y exagerado es Gulliver. Exagerados son la soledad de Robinson y lo que Alicia ve en el País de las Maravillas. ¿Por qué las letras y las cifras no habrían de aumentar su prestigio ante los niños haciendo exageradas travesuras?" (*Papeles escogidos*, Buenos Aires, Imago Mundi, 2008). En los apuntes del protocolo sobre el consumo de veinte gramos de mescalina Merck que se aplica el 22 de mayo de 1934, Benjamin registra la "revelación" de *Struwwelpeter*: "Un niño debe recibir regalos, porque de lo contrario acabará como los niños del cuento de Pedro el Desgreñado: muriendo, malográndose o escapando lejos. Este es el misterio de Pedro el Desgreñado" (*Haschisch*. ed. cit.).

14 *"Die glückliche Hand (Eine Unterhaltung über das Spiel)"*. El texto debió ser publicado en el *Frankfurter Zeitung*, como lo indica una nota al pie cuando el narrador alude "al gusto de haberme encontrado con

mis amigos de Niza aquí en la apartada Saint-Paul". Benjamin apunta: "Véase *Frankfurter Zeitung*, n° 153/154". Se trata de otra conversación que continúa el relato anterior "Diálogo sobre el corso", pero no llegó a ser publicado. La copia hallada en el archivo de Benjamin está firmada con el seudónimo Detlef Holz. Los editores alemanes deducen que la continuidad prevista para la publicación, después de "Diálogo sobre el corso", indica que el texto fue finalizado en los primeros meses de 1935. El editor de las *Cartas de la época de Ibiza*, Vicente Valero, basándose en que Benjamin cuenta que, como un personaje del relato, "perdió su pluma" en la carta del 22 de agosto de 1933 y otras conjeturas acerca de personas mencionadas, como "el danés", postula que la primera redacción del texto habría tenido lugar en Ibiza. Sin embargo, tanto el texto anterior como este, que mencionan la estadía en San Remo, el corso en Niza y la visita al pueblo Saint-Paul de Vence que se halla a veinte kilómetros de esa ciudad, indican que Benjamin recrea su estadía en esa zona de la costa mediterránea. En su "Curriculum Vitae, V" el propio Benjamin anota su estancia en hoteles de Niza, Mónaco, Marsella y San Remo entre el 20 de octubre de 1934 y el 27 de febrero de 1935. Una curiosidad es la mención del "Casino de Montevideo": "el casino más grande de Uruguay, [al cual] la gente viaja ocho horas desde Buenos Aires para pasar su *weekend* jugando".

15 *"Rastelli erzählt..."*. Publicado en el *Neue Zürcher Zeitung*, el 6 de noviembre de 1935. Benjamin menciona a Rastelli en un fragmento de "España 1932": "Así, el dedo meñique estirado de Rastelli hizo venir a la pelota, que se posó sobre él saltando como un pájaro". Enrico Rastelli (1896-1931) fue uno de los más célebres malabaristas de la historia. En una carta a Gretel Adorno, fechada el 9 de octubre de 1935, Benjamin, que estaba en París, escribe: "entretanto escribí una pequeña historia, 'Cuenta Rastelli...', que voy a enviarte en los próximos días".

16 *"Das zweite Ich (Eine Sylvestergeschichte zum Nachdenken)"*. Los responsables de la edición del tomo VII de los *Gesammelte Schriften* de Walter Benjamin, Rolf Tiedemann y Hermann Schweppenhäuser, agregaron una sección en la cual recuperan, a la vista de nuevos materiales surgidos de los archivos, unas pocos relatos más y acertijos (*Geschichten und Rätsel*) –Benjamin era muy aficionado a estos últimos– no incluidos en la compilación de Tillman Rexroth del volumen IV, *Historias y relatos* (*Geshichten und Novelistisches*). De aquellos textos que Rexroth menciona y no recopila por considerarlos fragmentarios, rescatan "El segundo Yo" (*Das zweite Ich*), al cual consideran un relato finalizado y un juego literario acerca de la exposición sobre un personaje, que Benjamin, sin embargo, no publicó. Los editores declaran que la fecha de composición es incierta y que el relato no fue escrito antes de 1930 ni más allá de comienzos de 1933. El "*KAISERPANORAMA*" que se nombra en el relato, traducible como

"Panorama Imperial", se refiere a un estereoscopio colectivo, máquina precursora del cine patentada en 1890 por August Fuhrman, ya utilizada en Alemania hacia 1880 y hasta los años veinte del nuevo siglo, con fines recreativos. Una veintena de personas se situaban ante las ventanitas que se abrían en una gran estructura cilíndrica de madera y en su interior se ofrecían imágenes coloreadas en movimiento, que rotaban unas tras otras, creando a la vez una ilusión tridimensional. Se hallan referencias al *Kaiserpanorama* en alguna ficha del *Libro de los Pasajes (Das Passagen-Werk)*, cuando Benjamin lo compara con el efecto de sortilegio creado en el "Gabinete de los Espejos" del Museo Grévin, en París: "cuando ante nuestros ojos llenos del dolor de la partida, se disolvía lentamente una imagen en el estereoscopio para dejar aparecer la siguiente" (*Libro de los Pasajes*. Traducción de Luis Fernández Castañeda. Madrid, Akal, 2005).

17 *"Warum der Elefant 'Elefant' heisst"*. Este texto y los dos que siguen —"Cómo se inventó el bote y por qué se llama 'bote'" (*"Wie das Boot erfunden wurde und warum es 'Boot' heist"*) y ("Una historia graciosa, de cuando aún no había hombres" (*"Eine komische Geschicthe, als es noch keine Menschen gab"*)— se hallaron mecanografiados y no fueron publicados por Benjamin, están fechados el 26 de setiembre de 1933. Los editores de los *Gesammelte Schriften*, VII, observan que, a juzgar por la lista de lugares en los cuales estuvo Benjamin a partir del 19 de marzo de 1933 (que el autor transcribió hacia 1938 en uno de sus *Curriculum Vitae*) esa fecha de composición corresponde *al día después* que partió de su segunda estancia en Ibiza hacia París. Por lo tanto, señalan, los relatos fueron escritos entre la partida de San Antonio, Ibiza y la llegada al hotel Régina de Passy, de París, el 6 de octubre de 1933 ("Más precisamente fueron dictados —porque Benjamin no utilizaba la máquina de escribir por sí mismo—").

18 *"In einer großen, alten Stadt..."*. Se incluyen aquí, comenzando por este fragmento, los más tempranos relatos de Benjamin que los editores alemanes consideran inconclusos y que se reproducen en las notas del volumen VII: "Schiller y Goethe (Una visión profana)"; *"Schiller und Goethe (Eine Laienvision)"*; "El dios Pan al anochecer" (*"Der Pan des Abend"*; " El hipocondríaco en el paisaje"; (*"Der Hypochonder in der Landschaft"*); "La mañana de la reina" (*"Der Morgen der Kaiserin"*) y "El avión" (*"Der Flieger"*, literalmente "El aviador", como se traduce en *Early Writings* o en el volumen I de la edición italiana —"The aviator" o "L'aviatore"— pero el traductor prefirió poner el acento en la figura del aeroplano que, de todos modos, es oblicua al motivo central del relato). En la edición de las *Gesammelte Werke*, IV, Tillman Rexroth escribe: "Se conservan algunas historias y relatos de la época de los primeros años de estudiante de Benjamin, de los cuales no es seguro que el autor haya dado por finalizados a todos. En tanto trabajos de juventud no son incluidos aquí y se conservan en el archivo

Walter Benjamin. Estos textos son: "Schiller y Goethe", "En una ciudad grande y antigua…", "Pan al anochecer", "Historia silenciosa", "El hipocondríaco en el paisaje", "La mañana de la reina" y "El avión". Sobre "El dios Pan al anochecer", "Schiller y Goethe" y "El hipocondríaco en el paisaje", el editor italiano Enrico Ganni, observa: "El pequeño cuadro sentimental titulado 'El dios Pan al anochecer', como las dos sátiras que le siguen, forman parte de los relatos que Benjamin escribió en el liceo o acaso durante la entrada a la universidad. Es imposible fecharlas con precisión y no puede excluirse que el autor las considerara incompletas. Los tres textos que, con todas las reservas, agrupamos en 1911, aunque no puede descartarse que alguno pudo ser escrito al año siguiente, todavía parecen los trabajos de un estudiante de bachillerato en el Gymnasium: lingüística y temáticamente, no parecen inscribirse en el estilo de la primera época de los estudios universitarios, del cual numerosas cartas dan un testimonio fiable. 'El dios Pan al anochecer' puede vincularse con la experiencia del paisaje manifiesta en los diarios de viaje de Benjamin escritos en 1911" (*Opere Complete. I: Scritti 1906-1922*. A cura di Enrico Ganni. Torino, Giulio Einaudi, 2008). "La mañana de la reina" y "El avión", dado el tipo de papel y el tipo de letra utilizado, se originaron casi simultáneamente al primer texto publicado, "La muerte del padre".

[19] El traductor de *Early writings* (ob. cit., 2011) Howard Eilan, basándose en dos cartas citadas en: Hans Puttnies y Gary Smith (Ed.), *Benjaminiana*, Giessen, Anabas, 1991, sugiere que este relato puede aludir a un viaje a París que Benjamin realizó en mayo de 1913 con dos amigos estudiantes, durante el cual habría tenido su primera experiencia sexual con una mujer conocida en las calles de París. Las palabras *Cafe* y *Boulevard* indicarían el espacio parisino. Señala que tal vez se trate de un fragmento y que su estilo similar a "La muerte del padre" –y, agregamos, su interés en "dar a la prostitución *actual* un sentido *absoluto*" como escribe en una carta del 3 de julio– permite suponer que su escritura data de 1913.

[20] "*Die Sirene*". En su compilación *Historias y relatos*, Rexroth, menciona, además de los textos tentativos de la época de estudiante, otros textos posteriores: "Jean Selz [en su testimonio "Benjamin en Ibiza"] menciona una *novelle* acerca de una familia campesina de Ibiza, la historia de Frasquito, que Benjamin escribió conforme a sus recuerdos para el *Frankfurter Zeitung*, pero ese texto debe darse por perdido. En el archivo de Benjamin restan, en fin, dos fragmentos: 'La sirena' y 'El segundo yo'". Como antes registramos en la entrada sobre "El segundo yo", los editores del tomo VII lo recuperan y transcriben, además de todos los fragmentos desestimados por Rexroth. Conjeturan que "La sirena" podría no tratarse de un fragmento, sino de un relato en parte extraviado. Asimismo, les parece evidente que el relato forma parte de las historias recogidas en el período ibérico de Benjamin y que, si bien

pudo ser compuesto en su primera estancia en Ibiza, entre abril y julio de 1932, también podría remontarse a 1925, en ocasión de su viaje a Italia y España, en la cual conoció Sevilla, lugar de la acción del relato.

[21] Tal como señala Gershom Scholem, que descubrió, transcribió y analizó las dos versiones de "Agesilaus Santander" en su extraordinaria conferencia pronunciada en Frankfurt en 1972: "Benjamin y su ángel" (recopilada por Rolf Tiedemann, junto a otra conferencia, en *Benjamin und sein Engel*, 1983. Hay edición en español: *Benjamin y su ángel*. Traducción de Ricardo Ibarlucía, con la colaboración de Laura Carugati. Buenos Aires-México, Fondo de Cultura Económica, 2003), ambos textos fueron compuestos en Ibiza y en dos días consecutivos: la primera versión, la más breve, fechada el 12 de agosto de 1933 y la segunda versión, pensada en apariencia como definitiva, al día siguiente, 13 de agosto, algo más extensa. Corresponde a la segunda estancia de Benjamin en San Antonio, Ibiza, entre abril y octubre de 1933 –la primera fue entre mayo y mediados de julio de 1932. Scholem halló los textos en una libreta de notas de 1931-1933, en la cual se yuxtaponen, entre otros escritos, "reflexiones muy diferentes: algunas de índole marxista y otras por completo incompatibles con el marxismo de las anteriores"; el ensayo "Reflexiones sobre la radio"; el ensayo "Doctrina de la semejanza", ya escrito en Ibiza –unos meses después de la fuga de Berlín en marzo de 1933– y, a continuación, las tres páginas de "Agesilaus Santander". Por lo tanto, Scholem dio a conocer estos textos, a los cuales llama "enigmáticos", en la arriba citada conferencia, antes del inicio de la publicación de las obras reunidas. "Agesilaus Santander" es recopilado entre los "Escritos autobiográficos" en *Gesammelte Schriften*, VI (1985). Allí los editores apuntan que se trata de un escrito "esotérico" y que "casi todo lo que pueda conducir a la comprensión de este enigmático texto gnómico ha sido reunido por Scholem en un inspirado ensayo al cual nunca podríamos dejar de remitir con la suficiente insistencia". El aporte que Tiedemann y Schweppenhäuser realizan, favorecidos por el tiempo transcurrido, es el reconocimiento de aquella mujer que Scholem identificaba con Jula Radt-Cohn o Asja Lacis, pero que en realidad era su amante holandesa, Annmarie 'Toet' Blaupotten Cate. Transcriben dos poemas y varias cartas de Benjamin a la secreta [B.] que se desconocían cuando Scholem hizo público "Agesilaus Santander". El conocimiento más acabado de la obra de Walter Benjamin data, con largueza, de los últimos treinta años y su dispersión y fragmentación –la obra de un perseguido– hace fantasear con la existencia de algún texto todavía extraviado, como el que llevaba en el misterioso portafolios negro al que se aferraba cuando atravesó los Pirineos hasta Port-Bou, donde murió en 1940.

[22] El término, en este caso, pertenece a la tradición judía: *Mannbarwerden* significa alcanzar la *mayoría* religiosa, es decir, ser "hijo de los Mandamientos" (*Bar Mitzvah*), el momento en el cual un joven se hace respon-

sable ante la Ley Judía –por ejemplo, ya está habilitado a realizar actos rituales, como leer la Torah en los servicios religiosos–. Se trata, en suma, de alcanzar la mayoría de edad ante la comunidad religiosa. La ceremonia del *Bar Mitzvah* se celebra cuando el varón cumple trece años. En una segunda acepción –que no está presente en esta tradición– significa alcanzar la madurez sexual y la nubilidad. Benjamin obra con la duplicidad del significado.

23 La traducción de las dos versiones de "Agesilaus Santander" pertenece a Jorge Monteleone.

ÍNDICE

Se terminó de imprimir en el mes de novienbre de 2013
en los Talleres Gráficos Nuevo Offset
Viel 1444, Ciudad Autónoma de Buenos Aires